Müller · Lieben hat Grenzen

Wunibald Müller

LIEBEN HAT GRENZEN

Nähe und Distanz in der Seelsorge

Matthias-Grünewald-Verlag · Mainz

verlags gruppe engagement Der Matthias-Grünewald-Verlag ist Mitglied der Verlagsgruppe engagement

Die Deutsche Bibliothek – CIP-Einheitsaufnahme

Müller, Wunibald:
Lieben hat Grenzen : Nähe und Distanz in der Seelsorge /
Wunibald Müller. – Mainz : Matthias-Grünewald-Verl., 1998
ISBN 3-7867-2123-8

Umschlag: Kirsch & Buckel Grafik-Design GmbH, Wiesbaden, unter Verwendung eines Gemäldes der Malgruppe der Schule für Körperbehinderte, Hochheim
Satz/DTP: Manfred Werkmeister, Mainz
Druck und Bindung: Wagner, Nördlingen
ISBN 3-7867-2123-8

INHALT

Vorwort 11

TEIL I

1. Kapitel
Nähe und Distanz in der Therapie 15
1. Intimität in der Therapie 15
2. Emotionale Nähe in der Beratung 16
3. Erotische und sexuelle Gefühle in der helfenden Begegnung 17
4. Beispiel: Wenn der Therapeut die erotische und sexuelle Abstinenz aufgibt 22
5. Beispiel: Wenn der Therapeut verantwortungsvoll mit erotischen und sexuellen Gefühlen der Ratsuchenden umgeht 24
6. Der Helfer muß leidenschaftlich und diszipliniert sein ... 28
7. Ernstnehmen von Grenzüberschreitungen in der Begleitung, ohne sie zu dämonisieren 30

2. Kapitel
Nähe und Distanz in Seelsorge und geistlicher Begleitung ... 33
1. Intimität in Seelsorge und geistlicher Begleitung 33
2. „Ist nichts mehr heilig?" – Sexuelle Übergriffe in Seelsorge und geistlicher Begleitung 37
3. Der Vertrauensbruch – der größte Schaden 42
4. Die Bedeutung von Selbsterfahrung, Selbstreflexion und Supervision für Seelsorger und geistliche Begleiter .. 46
5. Mögliche Gefahren, wenn Selbsterfahrung und Supervision unterbleiben: Abspaltung und Selbstbetrug . 51

3. Kapitel
Typische Profile von Helfern und typische Situationen bei sexuellen Übergriffen in Seelsorge und geistlicher Begleitung – Hilfen, Ursachen, Konsequenzen 56

1. Der naive Prinz 59
   Pfarrer Heinrich läßt sich ungeschützt und naiv auf eine leicht entflammbare Situation ein 60 · Unreife und Mangel an Intimitätsfähigkeit als Ursache für sexuelle Übergriffe 63 · Bei Einsicht gute Prognose für Heilung 65
2. Der Liebeskranke 66
   Typische Kennzeichen des liebeskranken Helfers 66 · Der angeschlagene, liebesbedürftige Seelsorger 67 · Der liebeskranke Helfer 69 · „Halte mich! 72 · Wenn die sexuelle Befriedigung nicht im Vordergrund steht 75 · Hilfen und Konsequenzen 76
3. Der verwundete Verwunder 77
   Der verwundete Krieger 78 · Der Märtyrer 80 · Der falsche Liebhaber 81 · Der dunkle König 83 · Die wilde Katze 84 · Spirituelle Begleitung 85

TEIL II

1. Kapitel
Die Fähigkeit zur Intimität – eine Grundvoraussetzung für professionelle Helfer und Helferinnen 87

2. Kapitel
Positive Einstellung zu einer natürlichen sexuellen Entwicklung 89

1. Annäherungen 89
2. Die Sexualität – ein Element des Lebensstromes 91
3. Negative Auswirkungen unterentwickelter oder unterdrückter Sexualität auf das gesamte Seelenleben 94
4. Förderung einer gesunden Einstellung zur Sexualität durch die Ermöglichung einer normalen Entwicklung der Sexualität 95

3. Kapitel
Die Identitätsfindung und ihre Bedeutung für die Integration der Sexualität 100
1. Zum Prozeß der Identitätsfindung 100
2. Die sexuelle Identitätsfindung – Wer bin ich sexuell? 103
3. Heterosexuell – homosexuell? 105
4. Die Annahme der sexuellen Identität 107

4. Kapitel
Zur grundsätzlichen Bedeutung von Intimitäts- und Beziehungsfähigkeit 110
1. Identitätsfindung und Fähigkeit zur Intimität 110
2. Intimitätsfähigkeit – Eckstein für echte zwischenmenschliche Beziehungen 111
3. Wenn die Intimität fehlt: Stereotype, unlebendige Beziehungen 113

5. Kapitel
Intimität, Sexualität, Liebe 116
1. Fähigkeit zur Intimität und Sexualität 116
2. Intimität als Liebesfähigkeit 118
3. Fähig zur Intimität werden – ein Reifungsprozeß 121
4. Ehelosigkeit und Intimität 123

6. Kapitel
Intimitätsfähigkeit – die Fähigkeit zu Nähe und Distanz ... 127
1. Da bin ich und dort bist du 127
2. Die Schutzbedürftigen 130
3. Wenn Schutzbedürftige ausgenutzt werden 131

7. Kapitel
Integration der Sexualität 137

Schlußgedanken
Die Heiligkeit der Seele schützen 140

Literatur 142

Von der Liebe, mit der wir operieren, versengt zu werden, das sind unsere Berufsgefahren. ‚Bist mit dem Teufel du und du und willst dich vor der Flamme scheuen?‘

Sigmund Freud in einem Brief an C.G. Jung

Der Psychotherapeut muß beides sein, leidenschaftlich und diszipliniert.

Wolfgang Schmidbauer

Es ist eigentlich eine Heilung durch Liebe.

Sigmund Freud in einem Brief an C.G. Jung
über die Analyse

Niemand, der sich in menschliche Schicksale vertieft hat, kann die Macht des Eros unterschätzen.

Wolfgang Schmidbauer

Die Intimität zwischen Arzt und Patient ist eng. Patienten legen sich ja in die Hände ihrer Ärzte, und in jedem Augenblick trifft er auf Frauen. So muß er ihnen gegenüber Selbst-Kontrolle üben, bezogen auf seinen Körper und seine Seele.

Nach Hippokrates

VORWORT

Das Thema *Nähe und Distanz in helfenden Beziehungen* nimmt im Rahmen der psychotherapeutischen Ausbildung einen wichtigen Platz ein. Weniger trifft das für die Ausbildung zum Seelsorger und zur Seelsorgerin zu, obwohl Nähe und Distanz in der seelsorglichen Praxis und bei der geistlichen Begleitung eine große Rolle spielen. Es ist dort oft erst dann Thema, wenn es zu Grenzüberschreitungen gekommen ist. Dieses Buch will daher auf die Bedeutung von Nähe und Distanz in helfenden Beziehungen unter besonderer Berücksichtigung von Seelsorge und geistlicher Begleitung aufmerksam machen.

Der erste Teil will ein Verständnis und ein Gespür für die Dynamik wecken, die sich ergibt, wenn ein Helfer, sei er Psychotherapeut, Ausbildungsleiter, Seelsorgerin oder geistlicher Begleiter, sich auf eine Begegnung einläßt, die sich über einen längeren Zeitraum erstreckt. Weiter wird aufgezeigt, wohin es führen kann, wenn der Themenbereich *Nähe und Distanz in helfenden Beziehungen* bei der Ausbildung und in der psychotherapeutischen und seelsorglichen Praxis nicht angemessen berücksichtigt wird. In diesem Zusammenhang wird ausführlich auf unterschiedliche Formen sexueller Übergriffe in Seelsorge und geistlicher Begleitung, ihre Ursachen und mögliche Hilfen in solchen Situationen eingegangen.

Der zweite Teil des Buches ist praktisch ausgerichtet. Er befaßt sich mit der Bedeutung, die die Identitätsfindung und die Fähigkeit zur Intimität für die professionelle Kompetenz und die persönliche Integrität des Helfers und der Helferin haben. So wird u.a. herausgestellt, daß Intimität nicht nur meint, sich in einen anderen Menschen einfühlen und in eine tiefe, bedeutungsvolle Beziehung zu ihm treten zu können. Die Fähigkeit zur Intimität bleibt unvollständig, wenn sie nicht zugleich mit der Fähigkeit einhergeht, sich gegenüber Einflüssen oder einem Verhalten abgrenzen zu können,

das nicht in Einklang mit dem eigenen Selbstverständnis zu bringen ist oder diesem schaden könnte. Weiter bedeutet die Fähigkeit zur Intimität, die Grenzen, die andere setzen, zu respektieren. Schließlich zeigt sich die Fähigkeit zur Intimität darin, Grenzen, die einer Person kraft ihrer Stellung und ihres speziellen Auftrages gesetzt sind, achten und einhalten zu können.
Die Fähigkeit zur Intimität ist in helfenden Begegnungen gefragt und eine entscheidende Voraussetzung für alle, die sich als Helfer und Helferin auf tiefe Beziehungen mit ratsuchenden Menschen einlassen. Ist sie gegeben, stellt sie eine wichtige Prophylaxe gegenüber möglichen sexuellen Grenzüberschreitungen dar. Diese Fähigkeit und Kompetenz erlangt man aber nicht nur durch eine Ausbildung. Sie setzen eine Person voraus, die sich den normalen Entwicklungsschritten, in besonderer Weise der psychosexuellen Entwicklung, gestellt hat. Die Ausführungen im zweiten Teil wollen daher auch durch entsprechende Fragen für die Selbstreflexion wenigstens anfanghaft zu einer Auseinandersetzung mit der eigenen psychosexuellen Entwicklung einladen.
Da es bei den Helferinnen und Helfern im kirchlichen Kontext oft um Männer und Frauen geht, die ehelos leben, wird sowohl im ersten wie im zweiten Teil des Buches immer wieder auch auf ihre spezielle Situation eingegangen.
Ich werde gelegentlich darauf angesprochen, ob es denn wirklich notwendig sei, Tabuthemen wie Homosexualität, sexuellen Mißbrauch in der Kirche usw. in Veröffentlichungen anzugehen. Manchmal wird dabei der Eindruck erweckt, als sei das unanständig und illoyal gegenüber der Kirche. Daß solche Themen behutsam und diskret anzugehen sind, ist selbstverständlich. Allein, das kann nicht heißen, sich ihnen gar nicht zu stellen oder nur dann, wenn man sie gar nicht mehr umgehen kann. Hier ist es wichtig, geeignete Formen zu finden, um sich angemessen mit diesen Themen auseinandersetzen zu können. Das aber setzt voraus, daß man bereit ist, der Wirklichkeit ins Auge zu schauen. Es geht darum, bestimmte Situationen und Verhaltensweisen anzuschauen und zu

erklären, auch um sie besser verstehen zu können und Hilfe für die Bewältigung oder Verhinderung dieser Probleme anzubieten. Dabei muß man in Kauf nehmen, daß andere diese Absicht mißbrauchen und solche Informationen als Unterhaltungswert für sich entdecken und mit entsprechenden Augen und mit einer entsprechenden Einstellung lesen und werten.
Was das Thema dieser Veröffentlichung angeht, in der ich auf die Grenzen von Liebe eingehe und dabei auch auf sexuelle Grenzüberschreitungen in Seelsorge, geistlicher Begleitung und abhängigen Beziehungen im kirchlichen Kontext, so ist es meiner Ansicht nach höchste Zeit, sich damit zu befassen. Es ist wichtig im Interesse der Helferinnen und Mitarbeiter im kirchlichen Kontext und um der Wahrhaftigkeit willen, an der die Glaubwürdigkeit der Kirche und ihrer Mitarbeiter gemessen wird. Die in diesem Buch veröffentlichten Beispiele beziehen sich nicht auf Männer und Frauen, die das Recollectio-Haus in Münsterschwarzach besucht haben. Ich bin nicht erst durch meine Tätigkeit im Recollectio-Haus auf das Thema Nähe und Distanz in helfenden Beziehungen aufmerksam geworden. Auch ist es nicht ein Thema, das typisch ist für die Männer und Frauen, die in das Recollectio-Haus kommen.
Frau Magdalena Sandler danke ich für das Korrekturlesen. Zu großem Dank bin ich Gerard Egan (1980), Marie M. Fortune (1994), John C. Gonsiorek, Nancy Myer Hopkins und Mark Laaser (1995) sowie Kenneth S. Pope und Jacqueline C. Bouhoutsos (1986) verpflichtet, von denen ich viele Anregungen und Ausführungen übernommen habe.
Ich gehe in diesem Buch nicht auf die Opfer bzw. Überlebenden sexueller Übergriffe in Seelsorge und geistlicher Begleitung ein. Hier empfehle ich das von Stephen J. Rossetti und mir herausgegebene und im Grünewald-Verlag erschienene Buch *„Auch Gott hat mich nicht beschützt“* (1998). Ich widme dieses Buch den Opfern und Überlebenden sexueller Übergriffe in Seelsorge und geistlicher Begleitung.

Wunibald Müller

TEIL I

1. KAPITEL
NÄHE UND DISTANZ IN DER THERAPIE

1. Intimität in der Therapie

Für die therapeutische Begegnung ist es wichtig, daß sie in einem Rahmen stattfindet, der von Intimität gekennzeichnet ist. Wo, wenn nicht hier, muß es möglich sein, daß Menschen über das sprechen können, was sie tatsächlich bewegt? Voraussetzung dafür ist, daß der ratsuchende Mensch über alles sprechen darf und nichts auslassen muß, weil es vielleicht zu peinlich, zu tabuisiert, zu angstbesetzt ist. Der Raum der Intimität garantiert: Man ist unter sich und alles, was mitgeteilt wird, bleibt in diesem Raum. Erweist sich der zugesagte Schutz als zuverlässig, wird der Ratsuchende die eigenen Schutzvorrichtungen immer mehr lockern und sich zunehmend eröffnen können.

Je mehr er sich öffnet, desto mehr wird er das mitteilen, was ihn wirklich angeht und berührt, seine Phantasien, seine geheimsten Gedanken, die er bisher noch nie über seine Lippen brachte. Er wird Vorstellungen und Wünsche aussprechen können, die er bisher nicht einmal vor sich selbst zugelassen hatte. Das Mitteilen seiner persönlichen Erfahrungen verstärkt die Intimität. Zwischen ihm und dem Begleiter, dem er sich eröffnet, entsteht ein Raum der Intimität, ein „innerer" Raum, der sie miteinander verbindet. Dieser Raum steht auch für das, was man Dichte nennt.

Damit diese innere Verbundenheit zwischen Begleiter und begleiteter Person entstehen kann, ist auf der Seite des Helfers dessen volle menschliche Anwesenheit, seine innere und äußere Aufmerksamkeit gefordert. Der Offenheit des Ratsuchenden muß er mit gleicher Offenheit begegnen. Durch die Art und Weise seiner Anwesenheit und Offenheit soll der Ratsuchende zunehmend befähigt werden, sein eigenes zartes, zerbrechliches *Innere* dem *Außen* anzuvertrauen. Jetzt gibt es einen Menschen, der ganz innig an seinem Leben teilnehmen darf, der zum Vertrauten und mit der Zeit fast zum Freund wird. Der Begleiter muß des Vertrauens, das ihm von der ratsuchenden Person geschenkt wird, würdig sein. Er muß integer sein, muß das, was er nach außen hin vorgibt, auch tatsächlich einhalten und sein. Würde er sich als unecht erweisen, wäre das verheerend für die helfende Beziehung.

2. Emotionale Nähe in der Beratung

Bei einer so intensiven Begegnung, wie sie für die helfende Beziehung typisch ist, entsteht Nähe. Es ist zunächst vor allem eine emotionale Nähe. Die Person, die sich gegenüber dem Helfer eröffnet, entwickelt für den Mann, die Frau, die für sie da sind, ihr aufmerksam zuhören, Gefühle. Es entsteht eine innere Dynamik zwischen ihr und dem Begleiter, die sie wie durch ein Band miteinander verbindet. Es handelt sich dabei im Idealfall um ein elastisches Band. Das will sagen: Es gibt eine verbindliche Beziehung zwischen ihnen, und es gibt etwas, das sie verbindet. Für eine bestimmte Zeit gilt diese besondere Verbundenheit. Sie sind auf der anderen Seite aber nicht aneinander gekettet. Auch ist dieses Band, so sehr es hält und verläßlich ist, nicht zu eng gezogen. Es ist dehnbar, läßt Nähe *und* Distanz zu.
Der Begleiter muß sich der Dynamik bewußt sein, die durch diese intensive Form der Begegnung ausgelöst wird. Er will, daß es zu dieser intensiven Begegnung kommt, weil er nur dann an das Innere der ratsuchenden Person „herankommt". Es ist der Weg, wie es Martin Buber (in: Trüb 1951,12f.) einmal sagte, „des Abwerfens der Sicherheiten, des rückhaltlosen Gegenübertretens, der Aufsprengung des Psychologismus." Das ist zumindest die eine Seite, das Wagnis auf sich zu nehmen, unmittelbar, ohne Rüstzeug, als bloße

Person in die Begegnung mit der ratsuchenden Person zu gehen. Ein solcher Einsatz ist aber nur dann möglich – und das ist die andere Seite –, wenn der Begleiter zugleich wie durch ein unsichtbares Seil mit seinem Auftrag, seiner Professionalität, seiner persönlichen Integrität verbunden ist. Nur wenn dieses Band intakt ist und er sich uneingeschränkt darauf verlassen kann, daß es nicht reißt, auch dann nicht, wenn er sich in der helfenden Begegnung weit vorwagt, kann und darf er sich auf eine emotional tiefe Beziehung mit dem Ratsuchenden einlassen. Das Band, das ihn mit seinem Pol als Helfer verbindet, muß dabei immer stärker sein als das Band, das zwischen ihm und der ratsuchenden Person besteht. Ist das nicht mehr gewährleistet, sind Tür und Tor geöffnet für Entwicklungen, die nicht länger im Dienste einer helfenden Begegnung stehen.

3. Erotische und sexuelle Gefühle in der helfenden Begegnung

Ein weiterer Aspekt, der in diesem Zusammenhang eine besondere Rolle spielen kann, ist die Erfahrung, daß Helfer und ratsuchende Person bei einer solchen intensiven Begegnung erotische oder sexuelle Gefühle füreinander entwickeln können. Sehr ausführlich geht Sigmund Freud (1978,526ff.) auf dieses Thema ein. Lassen wir ihn daher zunächst einmal selbst ausführlich zu Wort kommen:

Wenn sich also die Patientin in den Arzt verliebt hat, wird er meinen, dann kann es nur zwei Ausgänge haben, den selteneren, daß alle Umstände die dauernde legitime Vereinigung der beiden gestatten, und den häufigeren, daß Arzt und Patientin auseindergehen und die begonnene Arbeit, welche der Herstellung dienen sollte, als durch ein Elementarereignis gestört aufgeben. Gewiß ist auch ein dritter Ausgang denkbar, der sich sogar mit der Fortsetzung der Kur zu vertragen scheint, die Anknüpfung illegitimer und nicht für die Ewigkeit bestimmter Liebesbeziehungen; aber dieser ist wohl durch die bürgerliche Moral wie durch die ärztliche Würde unmöglich gemacht ...

Setzen wir den Fall des zweiten Ausganges der Situation, die wir besprechen, Arzt und Patientin gehen auseinander, nachdem sich die Patientin in den Arzt verliebt hat; die Kur wird aufgegeben. Aber der Zustand der Patientin macht bald einen zweiten analytischen Versuch bei einem anderen Arzte notwendig; da stellt es sich dann ein, daß sich die Patientin auch in diesen zweiten Arzt verliebt fühlt, und ebenso, wenn sie wieder abbricht und von neuem anfängt, in den dritten usw. Diese mit Sicherheit eintreffende Tatsache, bekanntlich eine der Grundlagen der psychoanalytischen Theorie, gestattet zwei Verwertungen, eine für den analysierenden Arzt, die andere für die der Analyse bedürftige Patientin.

Für den Arzt bedeutet sie eine kostbare Aufklärung und eine gute Warnung vor einer etwa bei ihm bereitliegenden Gegenübertragung. Er muß erkennen, daß das Verlieben der Patientin durch die analytische Situation erzwungen wird und nicht etwa den Vorzügen seiner Person zugeschrieben werden kann, daß er also gar keinen Grund hat, auf eine solche „Eroberung", wie man sie außerhalb der Analyse heißen würde, stolz zu sein. Und es ist immer gut, daran gemahnt zu werden. Für die Patientin ergibt sich aber eine Alternative: entweder sie muß auf eine psychoanalytische Behandlung verzichten, oder sie muß sich die Verliebtheit in den Arzt als unausweichliches Schicksal gefallen lassen ...

Wie muß sich aber der Analytiker benehmen, um nicht an dieser Situation zu scheitern, wenn es für ihn feststeht, daß die Kur trotz dieser Liebesübertragung und durch dieselbe hindurch fortzusetzen ist? ...

Ich habe ... bereits erraten lassen, daß die analytische Technik es dem Arzte zum Gebote macht, der liebesbedürftigen Patientin die verlangte Befriedigung zu versagen. Die Kur muß in der Abstinenz durchgeführt werden; ...

Was würde geschehen, wenn der Arzt anders vorginge und die etwa

beiderseits gegebene Freiheit ausnützen würde, um die Liebe der Patientin zu erwidern und ihr Bedürfnis nach Zärtlichkeit zu stillen?
Wenn ihn dabei die Berechnung leiten sollte, durch solches Entgegenkommen würde er sich die Herrschaft über die Patientin sichern und sie so bewegen, die Aufgaben der Kur zu lösen, also ihre dauernde Befreiung von der Neurose zu erwerben, so müßte ihm die Erfahrung zeigen, daß er sich verrechnet hat. Die Patientin würde ihr Ziel erreichen, er niemals das seinige. Es hätte sich zwischen Arzt und Patientin nur wieder abgespielt, was eine lustige Geschichte vom Pastor und vom Versicherungsagenten erzählt. Zu dem ungläubigen und schwerkranken Versicherungsagenten wird auf Betreiben der Angehörigen ein frommer Mann gebracht, der ihn vor seinem Tode bekehren soll. Die Unterhaltung dauert so lange, daß die Wartenden Hoffnung schöpfen. Endlich öffnet sich die Tür des Krankenzimmers. Der Ungläubige ist nicht bekehrt worden, aber der Pastor geht versichert weg...
Die Gewährung des Liebesverlangens der Patientin ist also ebenso verhängnisvoll für die Analyse wie die Unterdrückung desselben. Der Weg des Analytikers ist ein anderer, ein solcher, für den das reale Leben kein Vorbild liefert. Man hütet sich, von der Liebesübertragung abzulenken, sie zu verscheuchen oder der Patientin zu verleiden; man enthält sich ebenso standhaft jeder Erwiderung derselben. Man hält die Liebesübertragung fest, behandelt sie aber als etwas Unreales, als eine Situation, die in der Kur durchgemacht, auf ihre unbewußten Ursprünge zurückgeleitet werden soll und dazu verhelfen muß, das Verborgenste des Liebeslebens der Kranken dem Bewußtsein und damit der Beherrschung zuzuführen. Je mehr man den Eindruck macht, selbst gegen jede Versuchung gefeit zu sein, desto eher wird man der Situation ihren analytischen Gehalt entziehen können. Die Patientin, deren Sexualverdrängung doch nicht aufgehoben, bloß in den Hintergrund geschoben ist, wird sich dann sicher genug fühlen, um alle Liebesbedingungen, alle Phantasien ihrer Sexualsehnsucht, alle Einzelcharaktere ihrer Verliebtheit

zum Vorscheine zu bringen, und von diesen aus dann selbst den Weg zu den infantilen Begründungen ihrer Liebe eröffnen ...

Er hat diese Verliebtheit durch die Einleitung der analytischen Behandlung zur Heilung der Neurose hervorgelockt; sie ist für ihn das unvermeidliche Ergebnis einer ärztlichen Situation, ähnlich wie die körperliche Entblößung eines Kranken oder wie die Mitteilung eines lebenswichtigen Geheimnisses. Damit steht es für ihn fest, daß er keinen persönlichen Vorteil aus ihr ziehen darf. Die Bereitwilligkeit der Patientin ändert nichts daran, wälzt nur die ganze Verantwortlichkeit auf seine eigene Person ...

Ich will nicht behaupten, daß es dem Arzte immer leicht wird, sich innerhalb der ihm von Ethik und Technik vorgeschriebenen Schranken zu halten. Besonders der jüngere und noch nicht fest gebundene Mann mag die Aufgabe als eine harte empfinden. Unzweifelhaft ist die geschlechtliche Liebe einer der Hauptinhalte des Lebens und die Vereinigung seelischer und körperlicher Befriedigung im Liebesgenusse geradezu einer der Höhepunkte desselben. Alle Menschen bis auf wenige verschrobene Fanatiker wissen das und richten ihr Leben danach ein; nur in der Wissenschaft ziert man sich, es zuzugestehen. Andererseits ist es eine peinliche Rolle für den Mann, den Abweisenden und Versagenden zu spielen, wenn das Weib um Liebe wirbt, und von einer edlen Frau, die sich zu ihrer Leidenschaft bekennt, geht trotz Neurose und Widerstand ein unvergleichbarer Zauber aus. Nicht das grobsinnliche Verlangen der Patientin stellt die Versuchung dar. Dies wirkt ja eher abstoßend und ruft alle Toleranz auf, um es als natürliches Phänomen gelten zu lassen. Die feineren und zielgehemmten Wunschregungen des Weibes sind es vielleicht, die die Gefahr mit sich bringen, Technik und ärztliche Aufgabe über ein schönes Erlebnis zu vergessen.

Und doch bleibt für den Analytiker das Nachgeben ausgeschlossen. So hoch er die Liebe schätzen mag, er muß es höher stellen, daß er die Gelegenheit hat, seine Patientin über eine entscheidende Stufe ihres Lebens zu heben. Sie hat von ihm die Überwindung des Lust-

prinzips zu lernen, den Verzicht auf eine naheliegende, aber sozial nicht eingeordnete Befriedigung zugunsten einer entfernteren, vielleicht überhaupt unsicheren, aber psychologisch wie sozial untadeligen. Zum Zwecke dieser Überwindung soll sie durch die Urzeiten ihrer seelischen Entwicklung durchgeführt werden und auf diesem Wege jenes Mehr von seelischer Freiheit erwerben, durch welches sich die bewußte Seelentätigkeit – im systematischen Sinne – von der unbewußten unterscheidet.
Der analytische Psychotherapeut hat so einen dreifachen Kampf zu führen, in seinem Inneren gegen die Mächte, welche ihn von dem analytischen Niveau herabziehen möchten, außerhalb der Analyse gegen die Gegner, die ihm die Bedeutung der sexuellen Triebkräfte bestreiten und es ihm verwehren, sich ihrer in seiner wissenschaftlichen Technik zu bedienen, und in der Analyse gegen seine Patienten, die sich anfangs wie Gegner gebärden, dann aber die sie beherrschende Überschätzung des Sexuallebens kundgeben und den Arzt mit ihrer sozial ungebändigten Leidenschaftlichkeit gefangennehmen wollen.

Sigmund Freud macht in seinen Ausführungen unmißverständlich deutlich, daß es Aufgabe des Psychotherapeuten bzw. Psychoanalytikers ist, „die gefährlichsten seelischen Regungen zu handhaben und zum Wohle des Kranken zu meistern“ (535). Er muß sich mitten hinein in die Dynamik von Liebe und sexuellem Verlangen stellen. An einer anderen Stelle meint Freud, aus Goethes Faust zitierend: „Bist mit dem Teufel du und du und willst dich vor der Flamme scheuen?“ Er will damit sagen, daß der Analytiker der Dynamik des Sich-Verliebens im therapeutischen Prozeß nicht aus dem Weg gehen darf, ja wie in den vorausgehenden Ausführungen von Freud deutlich wurde, ihr Entstehen sogar ermöglichen und fördern muß.

4. Beispiel: Wenn der Therapeut die erotische und sexuelle Abstinenz aufgibt

Nach Sigmund Freud kann also das Aufkommen erotischer Gefühle gegenüber dem Therapeuten ein ganz entscheidender Bestandteil einer erfolgreichen Behandlung sein. Wichtig ist in diesem Fall allerdings für den Helfer, solche Gefühle sich selbst gegenüber eindeutig als der therapeutischen Beziehung zugeordnet zu sehen und zu werten und entsprechend verantwortungsvoll damit umzugehen. Helfer begehen einen großen Fehler, der zu schwerwiegenden Folgen führen kann, wenn sie auf die erotischen bzw. sexuellen Gefühle der Klienten so reagieren, als würden sie ihnen direkt gelten und sie nicht im Kontext der therapeutischen Beziehung sehen und entsprechend damit umgehen. Wohin das führen kann, zeigt folgendes Beispiel auf (vgl. Pope/Bouhoutsos 1986,8ff.):

Ellen war verwirrt, als sie entdeckte, daß sie bereits in ihrer dritten Stunde sich von ihrem Therapeuten angezogen fühlte. Ihr paßte das nicht, da sie gerade in der Therapie auch Fragen einbringen wollte, die ihre Beziehung zu Männern betraf. Wie, so fragte sie sich, konnte sie mit ihm über all das sprechen, wenn sie sich jetzt selbst in den Therapeuten verliebte? Und, so fragte sie sich, wie peinlich wäre es, dem Therapeuten zu sagen, daß sie sich in ihn verliebt habe? Er würde sicherlich ärgerlich werden und ihr mitteilen, daß er nicht länger mit ihr arbeiten könne, oder er würde einfach darüber lachen. Zunächst hoffte sie, daß sich das alles mit der Zeit wieder geben würde. Doch es wurde immer stärker. Sie entdeckte, wie sie anfing, von ihm zu träumen, oder auch sexuelle Phantasien über ihn entwickelte. Anfangs versuchte sie, all diese Gedanken von sich zu weisen. Doch es nützte nichts. Sie freute sich auf die jeweiligen Sitzungen mit ihrem Therapeuten und spürte, daß allein die Vorstellung, wieder zu ihm zu kommen, sie sexuell erregte. Einmal wäh-

rend einer Sitzung wurde sie rot, als sie plötzlich eine sexuelle Phantasie überkam. Dem Therapeuten, der das merkte und sie daraufhin ansprach, sagte sie, es sei nichts gewesen. Nachdem die Situation zunehmend unerträglich für sie wurde, traf sie die Entscheidung, dem Therapeuten gegenüber auszusprechen, was sie für ihn empfand. Als dann Ellen gegenüber dem Therapeuten anfing zu erzählen, wie sehr sie sich von ihm angezogen fühlte, schenkte er ihr viel Aufmerksamkeit. Er selbst fand Ellen sehr schön, intelligent und anziehend. Jetzt stellte sich heraus, daß sie sich in ihn verliebt hatte. Das war für ihn zunächst ganz unvorstellbar. Er beobachtete, wie sie auf ihrem Stuhl immer wieder die Position veränderte und sich dabei sehr anspannte. Er begann tief zu atmen und war sich bewußt, daß er rot wurde. Ellen war so viel lebhafter als seine augenblickliche Partnerin. Die Beziehung zu ihr erlebte er momentan als ziemlich langweilig. Ellen fuhr in ihrer Erzählung fort und erwähnte auch, daß sie sexuelle Phantasien über ihn habe, und ging auch auf diese Phantasien ein. Das, so durchfuhr es ihn, könnte die perfekte Beziehung sein. Sie erzählte gerade, wie sie einmal phantasiert hatte, daß er auf sie zukommen würde, um sie zu küssen. Voller Impulsivität unterbrach er sie: „Stehen Sie auf!“ „Wie bitte?“ fragte sie. Er wiederholte, jetzt lauter: „Stehen Sie auf!“ Nicht wissend, was ihr passiere, stand sie auf, sich fragend, ob er sie jetzt vielleicht hinauswerfen wolle. In dem Moment, als sie aufstand, ging er zu ihr, legte seine Arme um sie und versuchte sie zu küssen. Sie versuchte zurückzuweichen, war aber verwirrt. Sie wußte gar nicht mehr, was hier los war, und dachte, jetzt falle sie in Ohnmacht. In diesem Moment gab es für sie keinen größeren Wunsch, als außerhalb dieses Raumes zu sein, weg von dieser Situation, tot zu sein, wenn es das wäre, was jetzt notwendig wäre. „Sie möchten das,“ sagte er, während er sie eng an sich drückte, ihre Hüfte hielt und ihre Kleider auszog. Sie begann zu schreien und versuchte mit aller ihr möglichen Kraft, sich von ihm wegzustoßen. Er erweckte den Eindruck, voller Leidenschaft, aber auch voller Wut auf sie zu sein. Sie hörte auf, in diesem Moment klar zu denken. Noch Jahre später, auch nach intensiver Therapie, war es für sie unmöglich, an diese Erfahrung ohne Scham, Ekel und Entsetzen zu denken.

Die Aussagen von Sigmund Freud über die erotische Spannung, die in den helfenden Beziehungen entstehen kann, machen deutlich, wie verloren in einer solchen Situation *der* Begleiter ist, der sich selbst nicht wirklich kennt, dessen Person nicht auf einem soliden Fundament ruht, der über keine klaren Konturen verfügt oder der in bezug auf seine Sexualität und sexuellen Bedürfnisse unklar ist. Er ist in einer solchen Situation rettungslos verloren und in der Regel nicht in der Lage, diese Situation angemessen zum Wohle der ihm anvertrauten Person zu nutzen.

5. Beispiel: Wenn der Therapeut verantwortungsvoll mit erotischen und sexuellen Gefühlen der Ratsuchenden umgeht

Nur ein Begleiter, der verantwortungsvoll mit einer solchen Dynamik in einer helfenden Begegnung umzugehen weiß, darf sich auf eine solche entflammbare Situation einlassen. Er ist fähig, Nähe zuzulassen, ohne dabei seine Fähigkeit, die der Situation angemessene Distanz aufrechtzuerhalten, zu verlieren oder zu beeinträchtigen. Er ist zugleich eine Person, die sich nichts vormacht. So meint Freud (1978,538): „Ebensowenig kann ich zu einem Mittelwege raten, der sich manchem als besonders klug empfehlen würde, welcher darin besteht, daß man die zärtlichen Gefühle der Patientin zu erwidern behauptet und dabei allen körperlichen Betätigungen dieser Zärtlichkeit ausweicht, bis man das Verhältnis in ruhigere Bahnen lenken und auf eine höhere Stufe heben kann ... Der Versuch, sich in zärtliche Gefühle gegen die Patientin gleiten zu lassen, (ist) nicht ganz ungefährlich. Man beherrscht sich nicht so gut, daß man nicht plötzlich einmal weitergekommen wäre, als man beabsichtigt hatte. Ich meine aber, man darf die Indifferenz, die man sich durch

die Niederhaltung der Gegenübertragung erworben hat, nicht verleugnen."
Schwester Claire (1981,79ff.) beschreibt sehr eindrucksvoll, wie sie sich im Laufe der Therapie in ihren Therapeuten verliebte. Ihre Beschreibung zeigt auch auf, wie der Therapeut in einer für Schwester Claire hilfreichen Weise damit umgeht.

Während ich innerlich reifte, mußte ich auch die Seiten meines Lebens durchleben, die ich als Jugendliche versäumt hatte. Es war in der Therapie, als ich das erste Mal Liebe spürte. Ich hatte mich niemals zuvor emotional oder körperlich von einem Mann angezogen gefühlt – oder wenn das so war, dann hatte ich es mir bisher nie erlaubt, diese Attraktion ernstzunehmen, da ich eine zölibatäre Ordensfrau war. Eher war es eine Frage für mich, warum ich dem körperlichen oder emotionalen Angezogensein Aufmerksamkeit schenken sollte. Es war für mich nicht leicht, mich dieser Frage zu stellen. Während ich bei mir den Anfang sexuellen Erwachens erfuhr, begann ich mich sexuell zu Michael, meinem Therapeuten, hingezogen zu fühlen. Eine Wirklichkeit, gegen die ich mich lange wehrte und die ich versuchte wegzuschieben.
Wie konnte ich mir selbst erlauben, eine solche Attraktion zuzulassen? Der Tyrann in mir hatte mich überzeugt, daß das falsch sei. Ich fühlte mich schuldig, beschämt, es war mir peinlich. Ich konnte Michael nichts über diese Attraktion mitteilen. Er würde mich sicher zurückweisen, wenn er wüßte, was ich fühle, und der Gedanke, daß er mich zurückweist, war für mich unerträglich. So fraßen mich meine Gefühle in meiner privaten Welt regelrecht auf. Niemand würde das jemals erfahren, nicht einmal Michael! Ich begann, eine Phantasiewelt aufzubauen, eine perfekte Welt, in der ich ihn lieben konnte und ihm die Erlaubnis geben konnte, mich zu lieben. Zuweilen gingen wir dann in meiner Phantasie schweigend miteinander spazieren an einem Strand, Arm in Arm.
Dann wieder rannten und lachten wir, frohlockten, freuten uns am Leben, waren leichten Herzens und sorgenfrei. Manchmal lagen

wir miteinander im Bett, ruhig und liebevoll umarmt. Oft führte diese Umarmung dann zu sexuellem Verkehr. In meiner Phantasiewelt erfüllte mich Michael in allen Bereichen. Der sexuelle Verkehr wurde zum Symbol für diese Erfüllung. In meinem Verliebtsein übertrug ich Michaels therapeutische Liebe und Fürsorge auf meine eigenen Phantasien, in denen ich den Wunsch verspürte, durch die Nähe und die Wärme seiner körperlichen Liebe erfüllt zu werden. In den Phantasien war alles vollkommen: kein Streit, keine Uneinigkeit, kein Widerstand, keine Enttäuschungen. Es war der Tagtraum einer Jugendlichen von einer vollkommenen Befriedigung auf die Weise, wie ich sie wollte …
Schließlich wurde der innere Druck, das auszuleeren, was in mir war, so intensiv, daß ich darüber sprechen mußte. Unter Tränen und auf eine eigenartige Weise stotternd, hörte ich mich selbst diese schrecklichen Worte sprechen: „Du bist in meinen Phantasien, und ich fühle mich von dir angezogen." Dieser Augenblick war einer der schmerzvollsten Erfahrungen in der Therapie. Ich hatte den Eindruck, als gehe es jetzt um alles. Ich erwartete, daß jetzt etwas Schreckliches passieren würde: Ärger, Verweis, Zurückweisung, Einsamkeit. Ich weinte und schluchzte. Meine private Welt war öffentlich geworden. Ich war erschrocken. Ich erwartete das Schlimmste! Zu meiner Überraschung floh Michael nicht. Noch sprach er irgendeinen Verweis aus oder wies mich zurück. Er hörte zu und war einfach anwesend. Er sagte mir, daß er meine Offenheit und meine Ehrlichkeit schätze. Meine angespannten Muskeln entspannten sich, und ich atmete tief durch vor Erleichterung. Er ging weiter mit mir meinen Weg, trotz dieser „schrecklichen" Dinge, die ich bei mir erlebte. Es war schwierig für mich, sein Verhalten als echt anzunehmen, aber es war echt. Er begrüßte meine Bereitschaft, mich mit meiner Beziehung zu ihm auseinanderzusetzen. Dieser Prozeß setzte sich fort bis zum Ende der Therapie, denn mein jugendliches Verliebtsein begleitete mich bis in mein Frauwerden, bis ich schließlich begann, auf einer tieferen Ebene die Bedeutung dieser Dynamik zu erkennen …

Während ich in der Therapie mich von der Jugendlichen zur Frau entwickelte, änderte sich mein Verhältnis zu Michael etwas. Ich war immer noch verliebt, und ich war geradezu besetzt von meinem Versuch, Michael zu verführen. Er war mein Liebhaber geworden. Wenn ich mein Tagebuch aus der Distanz lese, kann ich eine zwanghafte Entschlossenheit dazu erkennen. Ich war so gefangen in der Neuheit, was es heißt, eine sexuell-weibliche Frau zu sein, daß ich glaubte, dieses Konzept testen zu müssen. Da Michael zu dem wichtigsten Menschen in meinem Leben geworden war, der mich mit seiner Sorge, seiner Liebe und seinem Verständnis nährte, wurde er zum Objekt meiner Verführungsversuche …
Obwohl ich wußte, daß ich niemals Michael haben würde, war ich gefangen in diesen zwanghaften Gefühlen und dem Verlangen nach ihm, dem Wunsch, ihn zu besiegen. Sein Widerstand machte mich wütend. Er erschien wie ein solider Felsen, den ich nicht zu bewegen vermochte. Wie ein verwöhntes Kind wollte ich nicht aufgeben. Irgendwann, so dachte ich, würde er aufgeben. Ich hoffte, daß meine Phantasien zur Wirklichkeit würden. Für Monate wurde ich verfolgt von dem verführerischen Gedanken. Ich erinnere mich, daß ich mit folgenden Gedanken zur Sitzung fuhr: „Diesmal wird es passieren. Ich werde mich ausziehen." Ich war besessen von dem Verlangen, mich vor Michael auszuziehen, um nackt vor ihm zu stehen und ihn zu nötigen, meinen Körper als gut zu erklären. Zu verschiedenen Zeiten während der Sitzung mußte ich mit mir kämpfen, um in meinem Stuhl sitzenzubleiben und meine Kleider anzubehalten. Das waren Momente tiefen und intensiven Schmerzes, von dem ich mit der Zeit Michael erzählen konnte …
Wieder hörte er einfach zu und nahm das, was ich sagte, auf, ohne es zu verurteilen. Er lud mich dazu ein, die tiefere Bedeutung unterhalb dieser Phantasien zu entdecken.

(In ihr Tagebuch schreibt Schwester Claire an diesem Tag:)
Allein der Gedanke an die Sitzung an diesem Nachmittag verletzt mich und löst in mir das Gefühl aus, ständig weinen zu müssen. So

verständnisvoll und hilfreich Michael war, ich bin ärgerlich auf ihn, daß er mir nicht gestattet, daß ich meinen Körper mit ihm teile und daß ich mich nicht einfach in seine Arme werfen darf, obwohl ich an dieser Stelle selbst den Eindruck habe, daß ich darüber hinaus bin. So wie ich mich an diesem Nachmittag fühlte, hätte es nur eines Wortes von ihm bedurft und ich wäre in seine Arme gefallen ... Der Schmerz des Alleinseins – allein auf dem Stuhl zu sitzen – war so intensiv und das Bewußtsein von Alleinsein so stark, daß ich alles getan hätte, um es zu lindern. Was Michael sagte, ist wahr. Unter all diesen Phantasien und dem Bedürfnis nach sexuellem Verkehr liegt die tiefere Fragestellung meines eigenen, existentiellen Alleinseins und Getrenntseins, die mir immer stärker bewußt werden. Und dieser Schmerz ist stark! Ich hasse das – und doch bin ich an dem Punkt angelangt, wo ich nicht mehr zurück will – ich kann nicht mehr zurückgehen! Ich habe keine andere Chance, als nach vorne zu gehen!

6. Der Helfer muss leidenschaftlich und diszipliniert sein

Nach Sigmund Freud (1974,13) gilt es in der Psychoanalyse, die Libido der Klientin anzusprechen. „Diese gibt die Triebkraft zur Auffassung und Übersetzung des Unbewußten her; wo diese sich weigert, nimmt sich der Patient nicht die Mühe oder hört nicht zu, wenn wir ihm die von uns gefundene Übersetzung vorlegen. Es ist eigentlich eine Heilung durch Liebe." Weiter meint Freud (1907, 117), „daß in der analytischen Psychotherapie die wiedererweckte Leidenschaft, sei es Liebe oder Haß, jedesmal die Person des Arztes zu ihrem Objekte wählt." Im Unterschied zur Situation außerhalb der Therapie, in der die Liebe von dem Menschen, dem diese Liebe geschenkt wird, erwidert werden kann, ist „... der Arzt ein Fremder gewesen und muß trotzdem nach der Heilung wieder ein Fremder werden."
Die Bereitschaft, sich als Helfer in der Therapie wirklich auf eine

andere Person einzulassen und dabei eine solche Dynamik zu entfachen, ist riskant. Die Alternative kann nicht darin bestehen, sich weniger auf Menschen einzulassen, sie weniger zu lieben. Vielmehr gilt, was Wolfgang Schmidbauer (1997,184f.) sagt: „Das liebevolle Interesse, welches eine entscheidende Qualität der Therapie darstellt, kann nur dann aufrechterhalten werden, wenn es professionell begrenzt und in einem stabilen Rahmen von Austausch eingebunden ist. Wenn *einem* der Beteiligten das nicht genügt, ist der Prozeß gescheitert." Ein kompetenter Helfer muß ständig mit einer solchen Dynamik rechnen und mit ihr verantwortungsvoll umgehen können. Er darf nicht dem Trugschluß verfallen, „daß Beziehungshelfer nach ihrem Pflichtprogramm an Selbsterfahrung, Technikseminaren und Supervision ‚fertig' sind und künftig alle beruflichen Probleme bewältigen werden" (23). Der Psychotherapeut muß „beides sein, leidenschaftlich und diszipliniert" (235).
Am meisten gefährdet sind nach Schmidbauer (140f.) Therapeuten, die keine ausreichende Supervision haben. „Wenn es Institutionen wie Beratungsstellen, Gemeinschaftspraxen oder Kliniken gelingt, daß sich die Helfer untereinander austauschen, stabilisiert das ebenfalls die Professionalität. Schwer erkennbar, aber noch wesentlicher ist die Beschaffenheit des Privatlebens. Wer seine Bedürfnisse nach Bestätigung und Kontakt in seinem Alltag durch Freunde, Sexualpartner oder Kinder abdecken kann, reagiert besonnen auf die verführerische Qualität, welche dem idealisierenden Angebot von seiten einer Klientin innewohnt. Wer sich hier im Mangel fühlt, greift eher nach allem, was sich bietet. Allerdings ist die Unersättlichkeit unserer Wünsche nach Zuwendung und Bewunderung ein Teil der Conditio humana; das Erstaunen, wenn äußerlich wohlverheiratete Personen ihre wirtschaftliche und soziale Existenz in einer Leidenschaft riskieren, gehört zu einem naiven Menschenbild."
Schmidbauer (183f.) führt aber noch einen tieferen Grund für mögliche Übergriffe an. So meint er: „Therapeuten sind von denselben Prozessen betroffen wie ihre Patientinnen. Sie sehnen sich nach

narzißtischer Bestätigung und sind nicht in der Lage, mit den Grenzen ihrer Geltung diszipliniert umzugehen. Sie partizipieren an den neurotischen Liebesbedürfnissen, die sie analysieren sollten, haben sich in ihrer Berufswahl von diesen mitbestimmen lassen und vergessen nun in der Ausübung ihres Berufes, daß es unmöglich ist, beides zu gewinnen: die erotische (Eroberungs-)Lust und die sozial untadelige Bestätigung des Selbstgefühls aus einer korrekten professionellen Arbeit. Der übergriffige Therapeut ist in seiner männlichen Identität, welche doch die Basis seiner professionellen sein sollte, so wenig gefestigt, daß er den Versuchungen nicht widerstehen kann, sie auf Kosten seiner Patientinnen zu stabilisieren. Für ihn wird die Möglichkeit, durch den professionellen Nimbus verstärkt und mit Kontrollmöglichkeiten ausgerüstet einer Frau gegenüber zu treten, zu sexuellem Faszinosum.
Das rächt sich, wenn die narzißtische Thematik der Beziehungshelfer während ihrer Ausbildung nicht genügend reflektiert und die notwendigen Vorsichtsmaßnahmen nicht eingeleitet wurden. Diese betreffen in erster Linie einen Verzicht auf destruktive Idealisierungen der eigenen Qualifikation, des ‚vollendeten' beruflichen Status. Parallel dazu ist der Helfer darauf angewiesen, einen geschützten Raum zu haben, in dem er eigene Verstrickungen auch nach einer obligatorischen Selbsterfahrung bzw. Lehrtherapie klären kann, ehe sie ihn zum Agieren führen."

7. Ernstnehmen von Grenzüberschreitungen in der Begleitung, ohne sie zu dämonisieren

Wolfgang Schmidbauer (184f.) plädiert dafür, beim sexuellen Mißbrauch durch Helfer den Aspekt der Liebe nicht zu dämonisieren. In den meisten Fällen, die er genauer untersuchen konnte, „hat zumindest eine, haben sehr häufig auch beide Seiten zunächst an eine Liebesbeziehung geglaubt. Gerade diese Qualität ist verführerisch, und nur wer sie untersucht, kann vielleicht einen Beitrag dazu leisten, den

Schritt von der Liebesbeziehung zum Mißbrauch zu verhindern."
Auf ähnliche Weise argumentiert Scott Peck (1978,175f.): „Wegen der unbedingt liebevollen und intimen Natur einer therapeutischen Beziehung ist es unausweichlich, daß sowohl Patienten wie Therapeuten in der Regel eine starke bis extreme sexuelle Attraktion füreinander entwickeln. Der Druck, solche Attraktionen durch ein sexuelles Zusammensein zu konsumieren, mag enorm sein. Ich vermute, daß jene, die im Bereich der Therapie tätig sind und Steine auf einen Therapeuten werfen, der eine sexuelle Beziehung mit einem Patienten hatte, zu denen gehören, die in ihren therapeutischen Beziehungen diese Liebe nicht zum Ausdruck bringen und deshalb kein richtiges Verständnis für den enormen Druck aufbringen, der bei einer solchen Beziehung vorhanden ist."

Sexuelle Übergriffe im Rahmen der Therapie sind verboten und verstoßen gegen das Ethos des Therapeuten. Auch sind sie in der Regel schädlich für die ratsuchende Person. Ein sexueller Übergriff kann daher nicht verharmlost werden. Er muß ernstgenommen werden und durch entsprechende Aufklärung, Ausbildung, Supervision, Therapie des Begleiters verhindert bzw. aufgearbeitet werden. Grundsätzlich, so Schmidbauer (140ff.), gibt es zwei Wege, „unerwünschtes Verhalten zu verhindern: Wir können es mit Sanktionen belegen, wie Scham, Strafe, Schuld, oder aber die Gegenkräfte so stärken, daß die Versuchung schwindet. Das Almosen für einen Armen verhindert den Diebstahl eher als der Ruf nach der Polizei. So erscheint das wirksamste Mittel gegen die Abstinenzverletzung eine Psychohygiene des Helfers, welche ihn anleitet, genügend Bestätigungs- und Erfolgserlebnisse aus seiner Tätigkeit zu beziehen, unrealistische Allmachtsvorstellungen abzubauen und dankbare Klienten in Schach zu halten, um den Erfolg seiner Arbeit möglichst von einer schwärmerischen Anerkennung durch seine Schützlinge unabhängig zu machen.
Auf dem Segelschiff gab es eine eiserne Regel für die Matrosen: Eine Hand für das Schiff, eine für mich. Umgemünzt auf die hel-

fenden Berufe lautet sie: eine Hand für die Klienten, eine für mich. Wer mit beiden Händen nach der Anerkennung durch die Klienten greift, stürzt leicht ab und nützt dann keinem von denen mehr, die er übereifrig retten wollte."

Wolfgang Schmidbauer (107f.) macht darüber hinaus mit Recht darauf aufmerksam, daß der sexuelle Übergriff in einer helfenden Beziehung eher klärend ist angesichts vieler anderer subtiler Distanzverluste, die in einer helfenden Begegnung auftreten können. So gilt es auch anderen erosiven Prozessen in einer Therapie Aufmerksamkeit zu schenken. „Nach außen hin mag die Therapie noch ganz ‚normal' aussehen. In Wirklichkeit hat sie schon ihre Struktur verloren. Die legalistische Betrachtungsweise geht davon aus, daß Abstinenz eine Art stählernes Gitter ist, das Therapie und Privatleben trennt. Der Bruch der Abstinenz gleicht dann dem Versuch, dieses Gitter mit Metallsäge oder Schweißbrenner durchlässig zu machen. Aber die reale Entwicklung sieht eher so aus, daß in einem subtilen Zusammenspiel zwischen den zwei Personen, welche dieses Gitter trennen soll, ein Stab nach dem anderen durch Attrappen ersetzt wird – ähnlich dem Vorgehen des Gefangenen, der durch ein Gemisch aus Staub und Brotteig durchgefeilte Stellen in seinen Fesseln ersetzt."

2. KAPITEL
NÄHE UND DISTANZ IN SEELSORGE UND GEISTLICHER BEGLEITUNG

1. Intimität in Seelsorge und geistlicher Begleitung

Nach Wolfgang Schmidbauer (1997,166f.) „ist die Abstinenz des Psychotherapeuten stärker zu betonen und weniger leicht zu regulieren als die Abstinenz des Arztes, Lehrers oder Seelsorgers, von denen schließlich auch erwartet wird, daß sie Idealisierungen nicht ausnützen und keine sexuellen Beziehungen mit ihren Mündeln eingehen. Aber in Medizin, Pädagogik und Theologie geht es weit stärker darum, den Umgang mit dem Professionellen nach festen Regeln zu gestalten und objektivierbare Leistungen von ihm zu erwarten. Der Therapeut aber erfüllt seine Aufgabe nach der psychoanalytischen Utopie dann am besten, wenn er eine persönliche, einzigartige Beziehung eingeht in einem Prozeß mit nicht vorhersagbarem Ausgang. Daher trifft er auf diffusere Erwartungen; seine Grenze gegenüber Eltern und Liebespartnern verschwimmt im höheren Maße, als das in anderen Professionen der Fall sein mag, die als ehrwürdige und von kollektiven Bildern geschützte Institution auftreten. Dadurch sind auch die Versuchungen häufiger und heftiger, Geister, die er beschwören möchte, selbst zu verkörpern."

Auch wenn für das seelsorgliche Gespräch, die geistliche Begleitung und die Seelsorge die Intensität von Dichte, Nähe und Intimität, wie sie für die Psychotherapie gewünscht und notwendig ist, nicht die Regel ist, gilt es nach meinen Erfahrungen, die Abstinenz und vor allem die Abstinenzfähigkeit des Helfers und der Helferin in Seelsorge und geistlicher Begleitung nicht weniger zu betonen als im Falle des Psychotherapeuten. Seelsorger und geistlicher Begleiter zählen eindeutig zu den helfenden Berufen. Diese Berufsgruppen sind immer wieder auch Menschen sehr nahe. Sie genießen vielfach das Vertrauen der Menschen, für die sie da sind, und dieses Vertrauen ist eine Grundvoraussetzung für ihre Arbeit. Dieses Vertrauensverhältnis ist auch Voraussetzung für andere helfende Berufe wie Arzt, Sozialarbeiter, Psychotherapeut, Ausbildungsleiter, Novizenmeister, Lehrer. In all diesen Berufen spielt das Thema Nähe und Distanz immer wieder auch eine Rolle. Dabei kommt es auch zu Abstinenzverletzungen bzw. Grenzüberschreitungen. In der Rechtssprechung in den USA gibt es inzwischen eigene Bestimmungen, die nicht nur die sexuellen Übertretungen von Therapeuten gegenüber Patienten berücksichtigen, sondern ausdrücklich auch sexuelle Übertretungen von Seelsorgern mit einbeziehen, die im Rahmen der seelsorglichen Tätigkeit vorkommen. Das gilt auch für Geistliche, die spirituelle Begleitung durchführen. Darin zeigt sich, daß auf der juristischen Ebene zum Teil kein Unterschied gemacht wird zwischen Übergriffen im therapeutischen Bereich und Übergriffen im seelsorglichen Bereich.

Geistliche Begleitung und seelsorgliche Gespräche eröffnen die Möglichkeit, einem Menschen innerlich nahe zu kommen. Diese Nähe soll der ratsuchenden Person helfen, mit sich in Berührung zu kommen, sich besser zu verstehen und für Gottes Stimme hellhöriger zu werden. Ein Mensch, der innerlich aufmacht, um mit seiner Tiefe in Kontakt zu kommen, muß damit rechnen, daß dabei auch vieles aus ihm herausbricht, was er bisher unter Verschluß gehalten hat, darunter auch Bedürfnisse, Wünsche und Sehnsüchte nach Nähe und Sexualität. Eine geistliche und seelsorgliche Begleitung, die den Menschen in seiner Tiefe ansprechen will, kann und will das nicht verhindern. Geistliche Begleiter und Seelsorger müssen damit rechnen und in der Lage sein, angemessen damit umgehen zu können. Sie selbst müssen innerlich offen in das Gespräch gehen und können sich und ihre Gefühle nicht einfach heraushalten. Das aber kann dazu führen, daß auch bei ihnen in der Begegnung mit der Person, die sie begleiten, Gefühle und Sehnsüchte geweckt werden, die erotischer und sexueller Natur sein können (vgl. Rauchfleisch 1990,90ff.).

Diese Dynamik zwischen dem geistlichen oder seelsorglichen Begleiter und der begleiteten Person bedarf einer sorgfältigen Beobachtung. Hier laufen auf der psychodynamischen Ebene viele Prozesse ab, die für eine psychotherapeutische Begleitung typisch sind. Die geistliche Begleiterin und der seelsorgliche Begleiter müssen darum wissen, und sie müssen über die fachliche und persönliche Kompetenz verfügen, diese Dynamik für ihre Beratung fruchtbar zu machen. Je intensiver und dichter ein Gespräch wird – diese Intensität und Dichte ist ja Voraussetzung dafür, daß es bei dem Gespräch auch um das Eigentliche geht –, desto mehr gilt es, der Dynamik zwischen Begleiter und begleiteter Person Aufmerksamkeit zu schenken.

Geistliche und seelsorgliche Begleiter müssen also zum einen Intensität und Dichte zulassen, mitunter sogar fördern, zugleich aber auch die nötige innere und äußere Distanz wahren. Diese Voraussetzungen sind bei Männern und Frauen, die geistliche Begleitung oder seelsorgliche Gespräche durchführen, nicht immer gegeben. Das bezieht sich einmal auf die Ausbildung, die oft nicht angemessen und deutlich genug auf diese Seiten seelsorglicher und begleiterischer Kompetenz eingeht, das bezieht sich vor allem aber auf die persönliche Reife der einzelnen Personen, die Beratung durchführen. Die Fähigkeit, sich auf tiefe Beziehungen einzulassen, die sich unter anderem auch darin zeigt, daß man in der Lage ist, sich von Einflüssen fernzuhalten, die die beraterische Intimität konterkarieren würden, fehlt vielfach.

Das aber heißt: Wer seelsorgliche oder geistliche Begleitung anbietet, muß dafür reif sein. Es genügt nicht, die Geschichte der Seelsorge oder geistlichen Begleitung zu kennen; es genügt nicht, geweiht zu sein oder einen besonderen Auftrag zu haben; es genügt nicht, sich in der Bibel auszukennen; es genügt nicht, die Gesprächsvariablen nach Carl Rogers zu beherrschen; es genügt nicht, eine kirchliche oder spirituelle Person zu sein usw. Wer auf eine verantwortliche Weise seelsorgliche oder spirituelle Begleitung anbieten will, muß *sich* kennen, muß *an sich* gearbeitet haben.

Der seelsorgliche und geistliche Begleiter muß auch seiner Sexualität begegnet sein. Er muß ihre Macht gespürt haben, zugleich aber auch seine Macht der Sexualität gegenüber erfahren haben. Er muß etwas von der Biologie der Sexualität verstehen, muß die Unterschiede von Liebe und Unsterblich-Sich-Verlieben kennen. Kenneth Leech (1977,114f.) spricht aus, was leider in den meisten Büchern über spirituelle und seelsorgliche Begleitung, wenn überhaupt, nur am Rande erwähnt wird: Geistliche und seelsorgliche Begleiter müssen viel Zeit dafür verwenden, sich mit dem Wissen über die menschliche Sexualität vertraut zu machen, und sie müssen sich mit ihrer eigenen Sexualität auseinandersetzen. Es müssen Personen sein, die sich ihrer eigenen Sexualität und ihren sexuellen Bedürfnissen stellen und die sich auf dem Weg hin zu sexueller Integrität und Ganzheit befinden. Denn spirituelle Gesundheit und sexuelle Gesundheit sind eng miteinander verbunden. Sie müssen weiter ein positives Verhältnis zu sich als sexuelle Person, zu ihrem Körper sowie zu ihrem Bedürfnis nach Berührung und Nähe haben. Spiritualität und Sexualität können nicht auseinandergerissen werden. Die sexuell unreife Person kann nicht auf der Suche nach Spiritualität die Suche nach sexueller Integrität übergehen.

Der geistliche und seelsorgliche Begleiter muß weiter mit der Dynamik von Übertragung und Gegenübertragung vertraut sein. Er muß schließlich eine Person sein, die sich ihrer selbst sicher ist, die sich auf sich selbst verlassen kann. Er muß wissen und erfahren haben: Ich bin in der Lage, zu dem zu stehen, was für mich wichtig ist, die Grenzen einzuhalten, die ich einhalten will und die einzuhalten für mich wichtig sind, um das, was ich will, zu bestärken und nicht etwa zu verletzen. Schließlich muß er jemand sein, der in sich einen Grund gefunden hat. Für mich heißt das: mit der eigenen Tiefe, der eigenen Seele in Berührung gekommen zu sein im Sinne von Marie-Louise von Franz, die sagt: „Die Erfahrung des Selbst bringt ein Gefühl mit sich, auf einem soliden Grund zu stehen“ (in: Dowrick 1995,8f.). Ist aber jemand mit seinem Selbst in Berührung, dann ist ein tragendes Fundament gegeben, das auch gegen die „Verlockungen“ der Sexualität gefeit ist, da die Sexualität vor dieser Tiefe, der Seele, dem was ihr wichtig ist, bestehen muß.

2. „Ist nichts mehr heilig?“ – Sexuelle Übergriffe in Seelsorge und geistlicher Begleitung

„Ist nichts mehr heilig?“ fragt Marie M. Fortune (1992) und meint damit die anscheinend immer häufiger vorkommenden beziehungsweise bekannt gewordenen Vorfälle von sexuellen Übergriffen durch kirchliche Mitarbeiter und Mitarbeiterinnen. Es geht dabei nicht nur um den sexuellen Mißbrauch Minderjähriger durch Priester oder andere kirchliche Mitarbeiter und Mitarbeiterinnen, sondern auch um den sexuellen Mißbrauch von Erwachsenen. Offensichtlich benutzen eine ganze Reihe von kirchlichen Mitarbeitern und Mitarbeiterinnen ihre Stellung und ihre Möglichkeiten der Begegnung mit Gemeidemitgliedern und Ratsuchenden dazu, ihre sexuellen Bedürfnisse zu befriedigen. Das gilt für den Pfarrer, der sich mit seiner von ihm abhängigen Mitarbeiterin – sei sie Gemeindereferentin, Pastoralreferentin, Pfarrsekretärin – sexuell einläßt; den kirchlichen Mitarbeiter, der sexuelle Kontakte mit Menschen sucht, für die er da ist; den geistlichen Begleiter, der im Rahmen seiner geistlichen Begleitung die begleitete Person sexuell belästigt; die Novizenmeisterin, die eine sexuelle Beziehung zu einer Novizin unterhält.

Im Falle des katholischen Priesters, der versprochen hat, sexuell enthaltsam zu leben, geht es in diesen Fällen nicht in erster Linie um eine Verletzung des Zölibatsversprechens, die natürlich auch stattfindet. Hier geht es darum, daß ein Mann der Kirche seine Führungsrolle oder seine Funktion dazu benutzt, andere Personen, die von ihm abhängig sind oder für die er da ist, für seine sexuellen Interessen zu mißbrauchen. So ist es ein Unterschied, ob ein Priester außerhalb seiner seelsorglichen Tätigkeit mit einer anderen Person eine sexuelle Beziehung unterhält oder aber seine seelsorg-

liche Tätigkeit oder seine Rolle als Chef dazu mißbraucht, seine sexuellen Bedürfnisse zu befriedigen. Im Falle einer sexuellen Beziehung im Rahmen seines Dienstes spielt es dabei keine Rolle, ob die sexuell ausgenutzten Personen sich freiwillig auf eine sexuelle Beziehung eingelassen haben oder, wie es scheinen mag, diese Beziehung initiiert haben. Die Verantwortung für den sexuellen Übergriff liegt beim Helfer, sprich Seelsorger oder Begleiter, da die Unausgeglichenheit der Machtstellung zwischen dem kirchlichen Mitarbeiter und dem Gemeindemitglied, die innerhalb einer pastoralen Beziehung besteht, die Gültigkeit einer solchen Zustimmung in Frage stellt. Das gleiche gilt auch für eine sexuelle Beziehung zwischen einem Pfarrer und seiner Mitarbeiterin, etwa seiner Gemeindereferentin oder Pfarrsekretärin, da auch hier eine Unausgeglichenheit in der Machtstellung vorliegt. Die Tatsache, daß die sexuelle Aktivität durch jemand anderen – eine Frau aus der Gemeinde oder die Mitarbeiterin – initiiert wurde, entbindet den Seelsorger bzw. Pfarrer nicht von seiner Verantwortung für sein Verhalten, noch macht sie die sexuelle Aktivität unter diesen Umständen annehmbar. Weiter kann ein sexuelles Fehlverhalten auch dann vorliegen, wenn der sexuelle Kontakt erst unmittelbar nach einer seelsorglichen oder beraterischen Beziehung hergestellt wurde, wenn zu diesem Zeitpunkt noch eine Ungleichmäßigkeit etwa in Form einer inneren Abhängigkeit in der Beziehung vorliegt.
In diesem ganzen Bereich herrscht offensichtlich noch viel Unklarheit, und man gewinnt den Eindruck, als belasse man es bewußt bei dieser Unklarheit, da man vermutlich erschrecken würde, käme das ganze Ausmaß sexueller Grenzüberschreitungen in Seelsorge und geistlicher Begleitung ans Licht. Die Zölibatsverpflichtung kann dabei auch eine wichtige Rolle spielen. Wenn die Sexualität nicht in der Beziehung zu einem signifikanten anderen Partner gelebt werden darf und die betreffenden Personen nicht verstanden haben beziehungsweise nicht in der Lage sind, ihre sexuelle Kraft und ihr sexuelles Verlangen auf eine psychisch und spirituell gesunde Weise in ihr Leben zu integrieren, bieten sich diesen Personen nahe Be-

gegnungen im Rahmen der Seelsorge und Beratung als Möglichkeit bzw. Versuchung an, ihre erotischen und sexuellen Bedürfnisse in diesem Kontext zu befriedigen. Hier wird deutlich, wie wichtig die Fähigkeit zur Intimität ist, die eine reife Person kennzeichnet und die sich unter anderem darin zeigt, zum einen in der Lage zu sein, sich auf eine intensive Beziehung einzulassen, zugleich aber auch über die Fähigkeit zu verfügen, sich vor Einflüssen zu schützen, die für die andere Person und für einen selbst schädlich sind.

Im Unterschied zu Psychotherapeuten, bei denen es im Rahmen ihrer Therapie zu sexuellen Überschreitungen kommt, sind sexuelle Übergriffe von Seelsorgern und Seelsorgerinnen – zumindest auf den ersten Blick – nicht so klar als solche auszumachen. Der Psychotherapeut hat einen klar abgesteckten Rahmen, in dem die Begegnung mit dem Klienten oder der Klientin stattfindet. Er trifft sich in der Regel nur in diesem Rahmen mit seinen Klienten, während der Seelsorger auf verschiedenen Ebenen von der Liturgie über den Religionsunterricht bis hin zum Beichtgespräch oder seelsorglichen Gespräch unterschiedlich dichte Formen von Begegnungen, mitunter zu der gleichen Person, unterhält. Zunächst scheint der Seelsorger beziehungsweise kirchliche Mitarbeiter auch nicht so sehr gefährdet zu sein bezüglich möglicher Grenzüberschreitungen, da im Rahmen der seelsorglichen Tätigkeit eine intensive Beziehung, wie sie für den Therapeuten mit seinen Klienten typisch ist, in der Regel eher die Ausnahme ist. Darin liegt aber auch die Crux, da man sich hier vielfach einer Täuschung hingibt und nicht angemessen auf die Dynamik vorbereitet ist, die zum Beispiel aus einer intensiveren seelsorglichen Begegnung entstehen kann. Auch gibt es nicht wie im Falle des Therapeuten einen klar abgegrenzten Rahmen.

Dazu kommt, daß vom Seelsorger vielfach nicht „nur“ eine professionelle, sondern auch eine freundschaftliche Beziehung erwartet wird. Meine Kollegin Donna Markham (1996,3), die Leiterin von Southdown in Kanada, einer Einrichtung, vergleichbar dem Recollectio-Haus in Münsterschwarzach, schreibt dazu: „In den vergangenen Jahren wurden viele Anstrengungen unternommen, Personen, die in der Seelsorge arbeiten, mit dem Thema *Professionelle Grenzen* und *Zweierbeziehungen* vertraut zu machen. Für fast jeden, der vor fünf Jahren geweiht wurde oder seine Profeß abgelegt hat, ist das Konzept einer dualen Beziehung neu. Seelsorge spielt sich naturgemäß in einem Gemisch von einerseits strikt professioneller Beziehung (vergleichbar der Beziehung zwischen Arzt und Patient oder Psychologe und Klient) und andererseits in Beziehungen freundschaftlicher Art ab. Es ist gerade diese Vermischung, die zu zum Teil verheerenden Fehleinschätzungen auf der Seite jener geführt hat, die nicht genügend die Rahmenbedingungen beachtet haben, die gegeben sind, wenn man sich in einer Vertrauensstellung befindet. Dabei überwiegen die Fälle, in denen aus Unkenntnis und Unreife heraus professionelle Grenzen überschritten wurden, im Unterschied zu Fällen von bewußt oder in ausbeuterischer Absicht durchgeführtem sexuellem Mißbrauch."

Nach Donna Markham lassen sich schmerzvolle Vorgänge professioneller Rollenverletzungen oder sexuellen Mißbrauchs nachweisen, wenn kirchliche Mitarbeiter versuchen, Beziehungen herzustellen, in denen sie mit der gleichen Person zum einen eine professionelle Rolle wahrnehmen und zugleich eine enge, intime Freundschaft unterhalten. „Um eine besonders traurige Situation handelt es sich beispielsweise bei einem Regens bzw. Novizenmeister, der zum persönlichen Freund einer Person wurde, für deren Ausbildung er verantwortlich ist, oder noch schlimmer, der sich auf eine romantische Beziehung mit einer Person einläßt, für die er verantwortlich ist, und darüber hinaus entscheidet, ob sie für die weitere Ausbildung zugelassen wird oder nicht. Andere Beispiele sind ein spiritueller Begleiter, der sich sexuell mit der Person, die er begleitet, einläßt …" (3). Richard Irons und Katherine Roberts (1995,34) gehen davon aus, daß es bei etwa 7% der professionellen Helfer zu sexuellen Grenzüberschreitungen kommt. Für sie gibt es keinen Grund anzunehmen, daß das für den Beruf der Seelsorger und Seelsorgerinnen weniger zutrifft. Weiter ist es für sie keine Frage, daß Priester, Pastoren, kirchliche Mitarbeiter und Mitarbeiterinnen, die als seelsorgliche und geistliche Berater und Beraterinnen arbeiten – vor allem auch solche, die im Bereich von Paar- und Sexualberatung tätig sind –, in besonderer Weise für sexuelle Grenzüberschreitungen anfällig sind. Bei den meisten bekannten Fällen von sexueller Ausnutzung in einem seelsorglichen Umfeld handelt es sich dabei um Überschreitungen durch einen Mann in einer Machtposition mit einer Frau, die seiner Sorge anvertraut ist. In wenigen Fällen ist es eine Frau, die als Seelsorgerin oder spirituelle Begleiterin die sexuelle Grenzüberschreitung mit einem Mann bzw. einer Frau vornimmt.

Ein prominentes Beispiel für sexuelle Übergriffe im seelsorglichen Rahmen ist Paul Tillich. Richard J. Gilmartin (1996,187), der, ohne diese Seite von Tillich zu verschweigen, auch dessen theologische Leistung zu würdigen versteht, schreibt dazu: „Er hatte zahlreiche romantische Beziehungen mit Frauen, einige unter ihnen Studentinnen und einige, zu denen er eine pastorale Beziehung hatte. Nach den Standards der 90er Jahre würde sein Verhalten als sexuelle Belästigung gesehen werden …" Weiter sagt er: „Tillich selbst litt sehr unter seinem Verhalten, war betrübt über sein zwanghaftes sexuelles Verhalten und seine Unfähigkeit, seinem ehelichen Versprechen gegenüber treu zu sein. Seine Versuche, seine ‚Unmoral' zu rechtfertigen, verstärkten schließlich seine Depression, und er lebte sein Leben als eine gebrochene Person." (vgl. auch Irwen 1991)

Ein sexueller Übergriff kann vorliegen, wenn ein kirchlicher Mitarbeiter offen oder versteckt gegenüber einem Gemeindemitglied beziehungsweise Ratsuchenden erotische oder romantische Gedanken, Gefühle beziehungsweise Verhaltensweisen zum Ausdruck bringt, die sexueller Art sind beziehungsweise von einem Gemeindemitglied oder Ratsuchenden als sexuell gefärbt aufgefaßt werden. Jeder direkte oder indirekte Versuch eines kirchlichen Mitarbeiters, in unangemessener Weise einen Körperteil eines Gemeindemitglieds zu berühren, der normalerweise mit der Zeugung

verbunden oder sexuell eingestuft wird, wird als sexuelles Fehlverhalten gesehen. Dazu zählt auch der Versuch, ein Gemeindemitglied oder eine ratsuchende Person dazu zu veranlassen, eindeutig sexuell erregbare Körperteile des Seelsorgers beziehungsweise der geistlichen Begleiterin zu berühren.
Von einer sexuellen Ausnutzung kann man sprechen, wenn der Seelsorger in einer pastoralen Beziehung seine Sonderstellung mißbraucht, um eine romantische oder sexuelle Beziehung mit einem Gemeindemitglied oder einer Ratsuchenden herzustellen. Konkret kann das heißen, daß der Seelsorger beziehungsweise kirchliche Mitarbeiter mit dem Gemeindemitglied eine sexuelle Beziehung unterhält, diese Person erotisch küßt, ihre Brüste oder Genitalien berührt, sie verbal zu einem sexuellen Engagement auffordert. Bei sexuell herabsetzenden Bemerkungen oder unerwünschten sexuellen Kommentaren, die unter anderem auch als „Anmache" ausgelegt werden können, spricht man von sexueller Belästigung.
Ein sexueller Mißbrauch liegt vor, wenn z.B. ein Erwachsener eine sexuelle Beziehung zu einem Minderjährigen eingeht, da davon auszugehen ist, daß ein Minderjähriger nicht in der Lage ist, sich freiwillig auf eine sexuelle Beziehung zu verständigen. Sexueller Mißbrauch kann aber auch bei sexuellen Übergriffen gegenüber Erwachsenen im Rahmen der Seelsorge oder der Therapie vorliegen. Von sexueller Nötigung ist die Rede, wenn Gewalt, sei sie körperlich, emotional oder spirituell, angewandt wird, um sexuelle Befriedigung zu erreichen (vgl. Hopkins/Laaser 1995,VI).

3. Der Vertrauensbruch – der grösste Schaden

Wenn von sexuellem Fehlverhalten von Seelsorgern, Priestern oder anderen kirchlichen Mitarbeitern und Mitarbeiterinnen die Rede ist, dann stehen nicht die Zölibatsverpflichtung oder im Falle des verheirateten kirchlichen Mitarbeiters die Verletzung des Eheversprechens im Vordergrund, so sehr sie natürlich auch davon tan-

giert werden. Hier geht es vor allem darum, daß die besondere Stellung des Priesters und kirchlichen Mitarbeiters dazu benutzt bzw. mißbraucht wird, um sich sexuelle Befriedigung zu ermöglichen, mitunter auch zu erschleichen oder gar brutal zu verschaffen. Es ist vergleichbar mit der Situation anderer Berufsgruppen wie Psychotherapeuten oder Ärzten, die das Vertrauensverhältnis oder ihre Sonderstellung dazu gebrauchen bzw. mißbrauchen, ihre emotionalen und sexuellen Bedürfnisse zu stillen.
Der ausschlaggebende Schaden, der durch die Sexualisierung einer seelsorglichen Beziehung angerichtet wird, liegt vor allem in dem Vertrauensbruch, der damit einhergeht (vgl. Fortune 1994,176ff.). Das heißt, es bedeutet für jede Person in einer seelsorglichen Leitungs- oder Beraterfunktion, sowohl für den Klerus als auch für den Laien, eine Verletzung des Berufsethos, zu einem Gemeindemitglied, Ratsuchenden, Mitarbeiter, Supervisanten im Rahmen der beruflichen Beziehung, sei sie seelsorglicher oder beraterischer Natur, sexuelle Kontakte zu unterhalten oder sexualisierte Verhaltensweisen an den Tag zu legen. Das ist, nach Marie M. Fortune (1994, 181) deswegen falsch, weil sexuelle Handlungen in *diesem Rahmen* den anderen ausbeuten und ausnutzen. Weiter meint sie:

- *Sexuelle Kontakte in diesem Rahmen bedeuten eine Verletzung der Rolle. Die seelsorgliche Rolle setzt bestimmte Rollenerwartungen voraus. Man erwartet von einem Geistlichen bzw. Berater, daß er über bestimmte Mittel, Talente, Fachkenntnisse und über Wissen verfügt, von dem Gemeindemitglieder, Ratsuchende, Mitarbeiter und Mitarbeiterinnen, Supervisanten usw. profitieren können. Sexueller Kontakt gehört nicht zum Berufsbild eines Seelsorgers.*
- *Sexuelle Kontakte im seelsorglichen Kontext bedeuten einen Mißbrauch von Autorität und Macht: Die Rolle des Priesters bzw. des seelsorglichen und geistlichen Beraters bringt Autorität und Macht und die damit verbundene Verantwortung mit sich, diese Macht zum Wohl der Menschen, die den Geistlichen, den*

Seelsorger bzw. Berater um Hilfe bitten, einzusetzen. Diese Macht kann leicht mißbraucht werden, wenn der kirchliche Mitarbeiter seine Autorität dazu benutzt, sexuelle Kontakte zu einem Gemeindemitglied bzw. Ratsuchenden herzustellen oder zu unterhalten. Sogar wenn diese Sexualisierung der Beziehung von dem Gemeindemitglied ausgeht, trägt dennoch der Seelsorger die Verantwortung dafür, daß die Grenzen der seelsorglichen Beziehung gewahrt bleiben und daß keine sexuelle Beziehung unterhalten wird. Das gilt auch dann, wenn der Seelsorger Leiter eines Mitarbeiterteams ist und die Sexualisierung von einem Mitarbeiter ausgeht. In diesem Fall trägt der Seelsorger die Verantwortung dafür, wenn die Grenzen nicht eingehalten werden.

- *Sexuelle Kontakte in der Seelsorge bedeuten weiterhin die Ausnutzung der Verwundbarkeit anderer Menschen. Das Gemeindemitglied, der Ratsuchende, die Angestellte, der Jugendliche, das Kind sind per definitionem in vielerlei Hinsicht durch den Seelsorger gefährdet, z.B. haben sie weniger Mittel und weniger Macht als der Priester oder Berater. Der Seelsorger, der diese Verwundbarkeit mißbraucht, um sich sexuellen Zugang zu ihnen zu verschaffen, bricht dadurch seine Verpflichtung, die Schwachen vor Schaden zu bewahren.*
- *Sexuelle Kontakte bedeuten hier ein Fehlen von wirklicher Zustimmung. Die wirkliche Zustimmung zu sexuellen Handlungen erfordert einen Rahmen, in dem nicht nur Entscheidungsfreiheit, sondern Gegenseitigkeit und Gleichberechtigung gegeben sind; demnach schließt die wirkliche Zustimmung Angst und die geringste Anwendung von Zwang aus. Zwischen der Person in der seelsorglichen Rolle und der Person, der sie dient bzw. die sie berät, besteht jedoch immer ein Machtgefälle und somit eine Ungleichheit. Selbst in einer Beziehung zwischen zwei Menschen, die sich selbst als „einverstandene Erwachsene" betrachten, schließt der Rollenunterschied die Möglichkeit einer wirklichen Zustimmung aus.*

Sexuelle Kontakte eines Seelsorgers innerhalb seiner pastoralen Tätigkeit oder mit Mitarbeitern oder Mitarbeiterinnen stellen daher aus den genannten Gründen, so Marie Fortune, immer einen Vertrauensbruch dar. Wesentliche Grenzen innerhalb der seelsorglichen oder beratenden Beziehung werden überschritten und führen zu einem Vertrauensbruch. Die Tatsache, daß diese Grenzüberschreitung sexueller Art ist, ist insofern von Bedeutung, als die Sexualität für die meisten Menschen mit großer Verwundbarkeit und Zerbrechlichkeit verbunden ist.
Bei einer sexuellen Beziehung zwischen einem Seelsorger und einem Gemeindemitglied oder bei einer sexuellen Beziehung zwischen dem leitenden Seelsorger und seiner Mitarbeiterin handelt es sich also nicht nur um eine „Affäre". Oder es ist auch nicht „nur" eine Zölibatsverletzung, wenn es sich zum Beispiel bei dem Seelsorger um einen ehelosen Priester oder Ordensmann handelt, obwohl damit natürlich eine Zölibatsverletzung einhergeht. Auch handelt es sich nicht „nur" um Ehebruch, obwohl Ehebruch eine Folge sein kann, wenn der Seelsorger verheiratet oder das Gemeindemitglied bereits fest gebunden ist (Fortune 1994,179). Marie Fortune plädiert in diesem Zusammenhang dafür, den möglichen Ehebruch oder die mögliche Zölibatsverletzung zunächst einmal als die Konsequenz zu sehen, die sich aus dem primären ethischen Problem, dem beruflichen Fehlverhalten und der Verletzung der seelsorglichen Grenze ergibt. Die Zölibatsverletzung bzw. der Ehebruch stehen für sie an zweiter Stelle angesichts des Schadens, der dem Gemeindemitglied, der Angestellten, dem Ratsuchenden, dem Jugendlichen durch das Fehlverhalten des Seelsorgers zugefügt wurde.
Die psychologischen Auswirkungen des sexuellen Kontaktes eines Gemeindemitgliedes, eines Ratsuchenden, eines Jugendlichen, einer Mitarbeiterin mit seinem oder ihrem Seelsorger bzw. Vorgesetzten sind nachhaltig. „Am Anfang mag sich das Gemeindemitglied bzw. der Ratsuchende von der besonderen Aufmerksamkeit, die ihm gut tut, geschmeichelt fühlen und sich mit der Handlung sogar scheinbar ‚einverstanden erklären'. Es haben die Betroffenen

jedoch in einer Krisensituation seelsorglichen Beistand gesucht und sind sehr verwundbar ... Schließlich beginnt das Gemeindemitglied bzw. der Ratsuchende zu begreifen, daß ihm die dringend benötigte seelsorgliche Beziehung verweigert wurde, und fängt an, sich ausgenutzt zu fühlen. Sie fühlen sich betrogen, schikaniert, verwirrt, verlegen, ängstlich und geben sich selbst die Schuld; es ist unwahrscheinlich, daß sie in dieser Situation mit jemandem über den Vorfall sprechen, und so isolieren sie sich. Erst wenn sich schließlich Wut breit macht, sind sie bereit, das Schweigen zu brechen und etwas für sich selbst und für andere zu unternehmen" (Fortune 1994,180).
Auf spiritueller Ebene sind, so Marie Fortune weiter, die Konsequenzen genauso schwerwiegend: „Der psychologische Schmerz wird verstärkt und nimmt kosmische Ausmaße an. Das Gemeindemitglied bzw. der Ratsuchende ist nicht nur von jemandem, der Gott vertritt, sondern von Gott selbst und der Kirche ... betrogen worden. Bei den Menschen ist der Geistliche bzw. Seelsorger sehr einflußreich und kann ein Opfer leicht nicht nur psychologisch, sondern auch moralisch manipulieren. Sehr fatal ist ein enormes Maß an Verwirrung und Schuldgefühl: ‚Aber er sagte, daß Liebe niemals Zwang sein könne; daß Gott uns zusammengeführt habe', oder: ‚Er sagte, wir sollten so schwer sündigen, damit ein Übermaß an Gnade auf uns käme.' Aus der psychologischen Krise wird eine Glaubenskrise; der Einsatz ist sehr hoch."

4. Die Bedeutung von Selbsterfahrung, Selbstreflexion und Supervision für Seelsorger und geistliche Begleiter

Wer einen geistlichen Beruf ergreift oder im kirchlichen Kontext arbeitet, ist nicht von vorneherein weniger als andere gefährdet, sexuell übergriffig zu werden. Seelsorger sind für das gleiche Verhalten anfällig und können über die gleichen Defizite verfügen wie andere, die außerhalb des kirchlichen Kontextes einen helfenden

Beruf ausüben. Zuweilen besteht die Gefahr, daß das „geistliche Gewand" und der kirchliche Kontext einen klaren und nüchternen Blick dafür beeinträchtigen, ob die menschlichen Voraussetzungen für einen helfenden Beruf gegeben sind. Auch wird vielfach zu wenig zur Kenntnis genommen, daß auch in der seelsorglichen Begegnung die Übertragung allgegenwärtig ist. Gefühle, Reaktionen, Erwartungen, nicht gelöste Konflikte vergangener Erfahrungen mit den eigenen Eltern, der Familie und anderen Autoritätspersonen werden oft auf die augenblickliche seelsorgliche Beziehung mit dem Priester oder der kirchlichen Mitarbeiterin übertragen. Dieser kirchliche Mitarbeiter wird dann nicht nur als der „bloße" Mitmensch gesehen, sondern es wird auf ihn ein Bild projiziert, das entsprechend positiv oder negativ gefärbt ist. Dazu kann kommen, daß der ganz persönlichen Projektion zusätzlich – z.B. im Falle des ordinierten Priesters – eine sozial und kulturell bedingte Projektion übergestülpt wird. Das wieder mag dazu führen, daß ihm eine tiefe symbolische und moralische Größe und Macht zugeordnet wird. Auf der anderen Seite kann in der seelsorglichen oder geistlichen Begleitung auch die Gegenübertragung immer anwesend sein. Dann überträgt der Seelsorger Gefühle, Erwartungen, nicht gelöste Konflikte aus der Vergangenheit auf Menschen, mit denen er seelsorglich zu tun hat. Darunter können sich auch sexuell und erotisch gefärbte Gefühle befinden, die er sich oft nicht eingesteht (vgl. Irons/Roberts 1995,34ff.).

Manche Seelsorger wehren sich dagegen, ihren Beruf mit der Psychotherapie zu vergleichen. Bei der Seelsorge – so ein Argument – handele es sich doch nicht nur um einen Beruf, sondern um eine Berufung. Auch wird immer wieder darauf aufmerksam gemacht, daß der Priester oder die Seelsorgerin ihre Arbeit nicht als einen bloßen Job verstehen dürfen, sondern daß darin auch eine Leidenschaft für Gott und die Welt erkennbar sein muß. Sicher ist es für den Mann und die Frau, die seelsorglich tätig sind, wichtig, daß sie von Gott „getroffen" sind und eine große Liebe zu Gott und den Menschen verspüren. Das aber schließt nicht aus, auch das seelsorgliche Handeln in den Grenzen eines Berufes zu sehen und dabei alles zu beachten, was bei anderen helfenden Tätigkeiten auch bedacht werden muß. Gerade bei einem Beruf, der viel mit Nähe und Liebe zu Menschen zu tun hat, bei dem viele Ideale eine Rolle spielen und Leidenschaft und Liebe einen starken Part ausmachen bzw. ausmachen sollen, ist es notwendig, vielleicht sogar noch genauer als in anderen Berufen kritisch und sorgfältig hinzuschauen, was auf der Beziehungsebene abläuft. Hier wird zuweilen eine falsche Scheu an den Tag gelegt, die letztlich kontraproduktiv ist. Wenn ein Seelsorger sein Verhalten kritisch – auch mit Hilfe von anderen Helfern, etwa Supervisoren – anschaut, die ihn immer wieder an seine Vertrauens- und Machtstellung erinnern, die er nicht desavouieren darf, kann er viel unbefangener menschliche Nähe, Freundlichkeit, Sorge in seiner Seelsorge zulassen.

Erschwerend wirken sich für Seelsorger bei dem Versuch, ein richtiges Verhältnis von Nähe und Distanz zu Gemeindemitgliedern zu finden, die vielfältigen, unterschiedlich intensiven Formen der Begegnung aus. Eine klare Umschreibung der beruflichen Aufgaben eines Seelsorgers ist nicht so einfach möglich wie bei einem Therapeuten, der in der Regel seinen Klienten einmal in der Woche für 50 Minuten sieht und von dem erwartet wird, daß er darüber hinaus keinen sozialen Kontakt zu ihm unterhält. Der Seelsorger nimmt vielfältige Aufgaben wahr, trifft den Menschen, den er seelsorglich oder spirituell begleitet, in unterschiedlichen Situationen immer wieder, sei es beim Gottesdienst, bei einer pfarrlichen Sitzung, im Bibelkreis, beim Gemeindefest usw. Priester und Seelsorger werden in den Augen der Gemeindemitglieder in der Regel vielfach als Personen gesehen, die ständig im Dienst sind und die ihre Rollen nicht einfach ablegen können, nachdem sie etwa den Gottesdienst gefeiert oder ein Gemeindemitglied beerdigt haben. Versuche von Seelsorgern, gegenüber den Gemeindemitgliedern ihre Rollen klarer zu definieren und sich gegenüber manchen Erwartungen abzugrenzen, treffen häufig auf Unverständnis. Das ist die Wirklichkeit, der sich ein Seelsorger stellen muß.

Reflektiert der Seelsorger seine Wirklichkeit, daß bei seiner seelsorglichen Tätigkeit die Grenzen sehr fließend sind und er dabei den Menschen einmal mehr, ein andermal weniger nahe ist, muß er zur Kenntnis nehmen, daß seine Möglichkeiten, sich intensiv, gar einem Therapeuten vergleichbar, auf einen Menschen in seiner Gemeinde einzulassen, beschränkt sind. Die sogenannte therapeutische Abstinenz, die sich nicht nur auf die sexuelle Abstinenz bezieht, sondern grundsätzlich meint, sich persönlich zurückzuhalten und sich innerhalb des beruflich vorgegebenen Rahmens zu bewegen, hat ja einen Sinn. Wer so tut, als könne er sich über psychologische und therapeutische Erkenntnisse einfach hinwegsetzen – er ist ja schließlich Seelsorger und nicht „nur" Therapeut –, der wird spätestens dann (hoffentlich!) aufwachen, wenn er auf die Nase gefallen ist. Der Seelsorger verfügt in der Regel weder über die entsprechende Selbsterfahrung, noch über ein ausreichendes psychologisches Wissen und Handwerkszeug, die ihm helfen könnten, Situationen zu vermeiden, bei denen er sich in eine Dynamik verwickelt, aus der er alleine nicht oder nur schwer herauskommt.

Die Lage kann erschwert werden, wenn der Seelsorger zugleich zölibatär lebt. Das gilt zumindest dann, wenn der Betreffende nie wirklich seine sexuellen Gefühle offen angeschaut hat und nicht wirklich mit ihnen in Berührung ist. An dieser Stelle wird deutlich, wie wichtig es gerade auch für den zölibatären Helfer ist, sich unvoreingenommen der eigenen Sexualität zu stellen. Wenn das unterbleibt, handelt er unverantwortlich. Weiter muß der zölibatäre Seelsorger und geistliche Begleiter dafür Sorge tragen, daß er seine Bedürfnisse nach Nähe, offenem Austausch und Annahme in einer angemessenen Weise in tiefen, bedeutungsvollen Beziehungen außerhalb der Seelsorge und geistlichen Begleitung befriedigt. Donna Markham (1996,3) sagt dazu: „Wir alle, die in der Seelsorge tätig sind, müssen uns bemühen, unsere eigenen Bedürfnisse nach persönlichem Austausch in engen Freundschaften, in denen ein gleiches Beziehungsverhältnis von fundamentaler Bedeutung ist, sowie

in Beziehungen mit Gleichaltrigen, in denen eine einseitige Vertrauensrolle nicht gegeben ist, zu befriedigen."
Jede Diskussion über die Einhaltung von Grenzen innerhalb der Seelsorge und geistlichen Begleitung muß daher, so John Allan Loftus (1994,45f.), mit der eigenen Selbst-Kenntnis beginnen. So müssen sich Seelsorger und geistliche Begleiter zum Beispiel der Frage stellen, wie gut sie sich als sexuelle Wesen kennen. Weiter müssen sie für sich die Frage beantworten können, wie gut sie die Bedeutung, die die Sexualität in ihrer Seelsorge einnimmt, kennen und wie sie damit umgehen. Die Sexualität nimmt im Rahmen der Seelsorge einen wichtigen Teil ein und sei es, daß sie ihre Energie und ihre Dynamik zur Verfügung stellt, um mit anderen und ihren Bedürfnissen in Beziehung treten zu können. Der Seelsorger ist immer auch ein sexuelles Wesen. Seine eigenen Energien, seine Stimmungen, seine Bedürfnisse in diesem Bereich müssen mit berücksichtigt werden. Sie sind eine Kraft, die zur Kenntnis genommen werden müssen, will er, daß sie ihm bewußt sind und nicht einfach etwas mit ihm machen. Wir haben, so John Allan Loftus, in den vergangenen Jahrzehnten gelernt, daß Menschen, die ihre sexuelle Energie ignorieren, sich in Gefahr begeben. Sexuelle Energie kann nicht einfach gänzlich unterdrückt werden, will man emotional und spirituell gesund bleiben. Also, kennt der Seelsorger sich selbst und kennt er seine Bedürfnisse in dieser Hinsicht?
Eine weitere wichtige Frage, deren Beantwortung sich Seelsorger und geistliche Begleiter, vor allem auch wenn sie zölibatär leben, stellen müssen, ist: Wie komme ich mit meiner Einsamkeit zurecht (vgl. Loftus 1994,45f.)? Menschen, so John Allan Loftus, haben ganz unterschiedliche Fähigkeiten, damit umgehen zu können. Manche erleben ihre Einsamkeit als etwas, was sie verzweifeln läßt, oder als eine furchtbare Last; andere gehen leichter damit um, erleben sie eher als ein Geschenk. Einsamkeit ist aber nicht nur ein Problem für zölibatär lebende Menschen. Eheleute, die über 30 Jahre verheiratet sind, können sie genauso tief erfahren wie zölibatär lebende Menschen. Ein Ehemann sagte zu einem Mönch: „Was

wirkliche Einsamkeit bedeutet, das weiß man erst, wenn man gerade einen Streit mit seiner Frau hatte, man nicht miteinander spricht und jetzt Zeit ist, zu Bett zu gehen. Da liegst du dann mit der Frau, die du sehr liebst, und kannst nicht mir ihr sprechen. Das heißt, du liegst so nahe neben der anderen und bist dennoch allein." Das ist Einsamkeit.

Alle diese Fragen und andere – auf die ich in Teil II noch ausführlicher eingehen werde – müssen Seelsorger und geistliche Begleiter beantworten können, um ihre eigene persönliche Grenze festlegen zu können. Ohne dieses Wissen über sich selbst besteht die Gefahr, daß sie sich nicht bewußt werden, wann sie ihre eigenen Grenzen oder die Grenzen anderer überschreiten. Hier liegt die wirkliche Herausforderung für jene, die das Risiko für sexuelle Übergriffe mindern möchten. Sie müssen sich kennen, um zu wissen, wo ihre Verletzbarkeiten sie anfällig machen.

5. Mögliche Gefahren, wenn Selbsterfahrung und Supervision unterbleiben: Abspaltung und Selbstbetrug

Die Selbsterfahrung und die Selbstreflexion sind Voraussetzung für jemanden, der sich als Seelsorger oder geistlicher Begleiter auf eine tiefere helfende Beziehung einläßt. Finden sie nicht statt, besteht die Gefahr, daß unbeleuchtete Seiten im Helfer sich selbständig machen und auf eine destruktive Weise versuchen, sich zum Ausdruck zu bringen. Weiter besteht die Gefahr, daß jemand eine Seite seines Lebens einfach verdrängt. So ist es auch ein auffälliges Phänomen bei Menschen, die anderen Personen gegenüber sexuell übergriffig werden, daß sie ihr Verhalten von ihrem sonstigen Leben abspalten (vgl. Loftus 1994,47f.).

Der Seelsorger, der den ganzen Morgen über sehr hart und ernsthaft in seiner Pfarrei arbeitet, ißt mit Vertreterinnen des Frauenbundes zu Mittag, beerdigt am Nachmittag ein Gemeindemitglied, führt danach pastorale Gespräche und erfährt dabei viel Lob und Dankbarkeit. Am späten Nachmittag kann man denselben Seelsorger in stadtbekannten Parks antreffen auf der Suche nach anonymen sexuellen Begegnungen. Oder er sucht für eine kurze Zeit einen Massagesalon oder ein Bordell auf, um gerade noch rechtzeitig zur Abendmesse wieder in der Kirche zu sein. Dort zelebriert er sehr eindrucksvoll einen Gottesdienst. Keiner ahnt, was der Seelsorger davor getan hat. Auch der Seelsorger selbst blendet bei sich den Besuch im Park bzw. Bordell aus.

Man gewinnt den Eindruck, so John Loftus, als versinke in diesem Fall ein Teil der Persönlichkeit dieser Seelsorger bzw. kirchlichen Mitarbeiter im Schweigen. Werte, Versprechen, Überzeugungen, die sonst tief und echt in der Person verankert zu sein scheinen, hören plötzlich auf, in bestimmten Bereichen diese Person zu beeinflussen. Sie verstecken einen Teil ihres Lebens in einer hermetisch abgeriegelten kleinen Schachtel. Ihre Sexualität wird auf einen ganz engen Raum in ihnen „zusammengedrückt". Sie hat keine Chance, ein eigenes Leben zu führen. Das aber ist, so John Loftus, das Problem, denn die Sexualität läßt sich nicht einfach abdrängen und sucht nach Schlupflöchern. Sie entzieht sich dem Zugriff des Seelsorgers, führt anscheinend getrennt von ihm ein Leben. Diese Abspaltung kann so weit gehen, daß es kirchlichen Mitarbeitern möglich ist, ihre Sexualität auszuagieren, ohne daß sie selbst darum „wissen". Wirft man ihnen ihr Verhalten vor, sind sie entsetzt und entrüstet. Manche Seelsorger haben nach John Loftus ein sehr ausgeklügeltes System entwickelt, um ihr Verhalten vor sich selbst und anderen zu vertuschen. Dazu zählt unter anderem auch eine „Verspiritualisierung" des Verhaltens, die oft benutzt wird, um diese Dynamik derAbspaltung noch zu verstärken.
John Loftus, der über viele Jahre ein Haus für Priester und Ordensleute geleitet hat, in dem diese spirituell und therapeutisch begleitet wurden, sieht einen engen Zusammenhang zwischen der Neigung von Seelsorgern, entscheidende Bereiche ihrer Psyche ab-

zuspalten, und einem Defizit an Selbsterfahrung. Das trifft vor allem auch für den Bereich der Sexualität zu.
Weiter ist es wichtig, daß Priester, Ordensleute, kirchliche Mitarbeiter und Mitarbeiterinnen, die in der Seelsorge und in der geistlichen Begleitung tätig sind, ihre Bedürfnisse und Erwartungen kennen, um herauszufinden, ob ihre Bedürfnisse und Erwartungen möglicherweise in einer unangemessenen Weise in ihren pastoralen Dienst einfließen. Die Seelsorger, die denken, daß sie über all das hinaus sind, sind sie doch Diener des Evangeliums, die nur an ihrem Dienst interessiert sind und nichts aus eigenem Interesse tun, machen sich etwas vor.
Wir alle tun, was wir tun, weil es uns Freude macht, sagt John Allan Loftus (48). Weiter meint er: Seelsorger sind hier keine Ausnahme. Wir tun, was wir tun, weil es uns emotional, spirituell und oft auch körperlich befriedigt. Wer kennt nicht dieses wundervolle Gefühl von Erschöpfung, nachdem eine Arbeit getan ist? Wir lieben diese Art von Arbeit. Das ist total in Ordnung, sogar wunderbar. Es gibt so viele Belohnungen für einen seelsorglichen Dienst und das auf ganz verschiedenen Ebenen. Die Frage, um die es hier geht, ist: Wann wird eine sehr dünne Grenzziehung überschritten? Ab welchem Punkt werden *meine Bedürfnisse* zu dem bestimmenden Faktor in meinem Dienst? Ich fahre noch spät am Abend weg, um Beratungen durchzuführen, da ich nichts anderes zu tun habe. Oder ich lasse mich auf tiefe Beziehungen mit Gemeindemitgliedern ein, weil ich sonst keine anderen Freunde habe. Oder ich sammle junge Menschen um mich, da ich dann immer der Anführer sein kann. Oder ich konzentriere mich ganz bewußt auf Sexualberatung, da ich sonst keine andere Möglichkeit habe, mich mit meiner Sexualität auseinanderzusetzen.

Ein spiritueller Begleiter hat die Gewohnheit, die Ratsuchenden ausführlich über ihre sexuelle Entwicklung zu befragen. Er verbringt viel Zeit, mit ihnen über ihre sexuellen Erfahrungen zu sprechen. Am Ende einer solchen Stunde umarmt er dann die Ratsu-

chenden. Am Anfang ist das zunächst nicht auffällig. Als die Umarmungen sich immer länger hinziehen, spüren die Menschen, die bei ihm Rat suchen, daß hier irgendetwas nicht stimmt. Sie erleben es als eine Grenzüberschreitung.

Das ist ein Beispiel dafür, wie auf eine sehr subtile Weise Grenzen überschritten werden. Nach außen hin erscheint es zunächst als etwas ganz Natürliches, doch wenn man genauer hinschaut, spürt man, daß hier jemand seine Position benutzt, um für sich etwas zu tun. Allerdings ist es in solchen Fällen oft so, daß die Betreffenden mit ihrem eigenen Anteil, ihren eigenen Bedürfnissen, die sich in diesem Verhalten melden und gestillt werden wollen, nicht in Berührung sind und es deshalb auch weit von sich weisen, irgendetwas zu tun, was nicht korrekt ist (vgl. Loftus 1994,30f.).
Wann aber überschreite ich diese dünne Grenzlinie, fragt John Allan Loftus und meint, daß es darauf keine leichte Antwort gibt. Wichtig ist aber, so fährt er fort, daß ich mich selbst kenne. Wenn ich z.B. weiß, daß ich homosexuell bin und darüber sehr frustriert bin, und „entscheide", den Abend damit zu verbringen, junge Männer, und das in großer Ausführlichkeit, über Selbstbefriedigungspraktiken zu beraten, und das dann auch noch in meinem Arbeitszimmer tue, dann will ich letztlich, daß etwas passiert. Oder wenn ich weiß, daß ich heterosexuell bin und sexuell frustriert bin, und mich dann „entscheide", die ganzen Sommerferien über junge Frauen zu begleiten, hoffe ich auf sexuelle Abenteuer.
Seelsorger müssen, so John Allan Loftus, sich ihrer ambivalenten Gefühle, die sie in unterschiedlichen pastoralen Situationen erfahren, bewußt sein. Seelsorger müssen auch dafür sensibel sein, daß es recht subtile Formen von Grenzüberschreitungen geben kann. So kann unsere Sprache übergriffig sein und dadurch auch andere verletzen. Einige Seelsorger werden erst so langsam sensibel dafür, daß ihr Potential, z.B. in Predigten oder über Verlautbarungen die Gefühle der anderen zu verletzen, sehr groß sein kann. Darüber hinaus gibt es eine Vielfalt von nicht-verbalen Gesten, die sexuell

getönt sein können. Eine anscheinend unverdächtige Berührung an der Schulter oder am Rücken kann als sexuell anzüglich verstanden werden. Es ist von daher wichtig, sich immer des Kontexts bewußt zu sein, in dem man einem anderen Menschen gegenüber körperliche Nähe zum Ausdruck bringt. So mag manche Umarmung nicht immer „nur" als harmlose Begrüßung oder Wertschätzung empfunden werden. Ganz klar gilt das z.B. für Massage. So gibt es eigentlich niemanden, der in einem pastoralen Kontext einem anderen eine Massage anbieten sollte. Ein „Sprichwort" sagt, wenn ich einen Pfennig hätte für jeden Fall sexuellen Fehlverhaltens, der mit einer kleinen Masssage für den verspannten Rücken begann, wäre ich ein sehr reicher Mann. John Loftus erwähnt in diesem Zusammenhang einen Psychiater, der über 30 Jahre lang mit Ordensleuten gearbeitet hat. Dieser Psychiater sagt über die Personen, die er behandeltet, weil ihnen sexuelles Fehlverhalten vorgeworfen wurde, sobald eine Bemerkung über eine „unschuldige Schultermassage" fiel, wußte er sofort, auf was das hinauslief, denn er hatte das schon tausendmal zuvor gehört.

3. KAPITEL
TYPISCHE PROFILE VON HELFERN UND TYPISCHE SITUATIONEN BEI SEXUELLEN ÜBERGRIFFEN IN SEELSORGE UND GEISTLICHER BEGLEITUNG – HILFEN, URSACHEN, KONSEQUENZEN

Sr. Anna geht wöchentlich zur geistlichen Begleitung zu dem Hausgeistlichen des Klosters, in dem sie lebt. Dort kann sie über alles sprechen. Nach einigen Treffen umarmt sie der geistliche Begleiter am Ende der Sitzung. Das macht er auch am Ende der folgenden Sitzungen, wobei die Umarmungen immer intensiver werden, bis er sie schließlich küßt und beginnt, sie zu streicheln, einschließlich ihrer Brüste. Zunächst wehrt sie sich, läßt es dann aber zu, da sie Angst hat, den Priester zu verlieren. Er ist für sie wie ein Freund und der einzige Mensch, mit dem sie offen reden kann.

Sr. Franziska, die dem Beichtvater mitteilt, daß sie eine sexuelle Beziehung zu einem Priester unterhält, muß die Erfahrung machen, daß ihr Beichtvater sich selbst ihr sexuell nähert.

Ein charismatisch orientierter Seelsorger drückt Frau M., die ihm mitgeteilt hat, daß sie als Kind sexuell mißbraucht wurde, bei jeder seelsorglichen Begegnung über eine halbe Stunde ganz eng an sich, um ihr, wie er sagt, das Gefühl zu geben, bedingungslos angenommen zu sein.

Bei den genannten Beispielen handelt es sich offensichtlich um sexuelle Übergriffe. Die Begleiter mißbrauchen die Intimität der Beratung, um eigene Bedürfnisse zu befriedigen. Oft legen sich die betreffenden Begleiter gute Argumente zurecht, um ihr Verhalten zu rechtfertigen. Solche Argumente erweisen sich in der Regel als Rationalisierungen, die dazu dienen sollen, sich mit „gutem Gewissen“ mit der Situation zu arrangieren. Dahinter wird aber oft eine

Persönlichkeit sichtbar, die z.B. bezogen auf die Fähigkeit zur Intimität erhebliche Defizite aufweist. Diese Begleiter mißbrauchen durch ihr Verhalten ihre geistliche Funktion und unterhöhlen ihre Glaubwürdigkeit. Sie fügen den Menschen, die zu ihnen kommen, um von ihnen begleitet zu werden, in der Regel großen psychischen und spirituellen Schaden zu.

Es ist daher wichtig, bei sexuellen Fehltritten in der helfenden Begegnung die *Verantwortung* des Helfers herauszustreichen. Das Bewußtsein dafür scheint zugenommen zu haben. So findet sich die Mär vom unschuldigen Seelsorger, der von einer Frau verführt worden ist, vorwiegend nur noch in Romanen, wenngleich auch gerade im kirchlichen Kontext diese Vorstellung immer noch nicht ganz verschwunden ist.

In dem Buch von Corra Harris *A Circuit Rider's Wife* wird der Seelsorger als jugendlicher unschuldiger Mann dargestellt, der von den Frauen verführt wird:

Wenn wir von einem Seelsorger hören, der sich mit einem weiblichen Mitglied seiner Gemeinde in Ungnade begeben hat, dann gehören alle meine Sympathien dem Seelsorger. Ich weiß genau, was passierte. Irgendeine traurig dreinblickende Frau, die durch seine Predigten aus einem schweigenden, kalten, labilen Zustand „erweckt" wurde, besucht ihn in seinem Studierzimmer. (Jene, die das Studierzimmer für ihre Prediger am Ende einer Kirche gebaut haben, umgeben ihn mit vier Mauern moralischer Zerstörung und bereiten gleichsam den Weg für diese Zerstörung. Der Platz für das Studierzimmer eines Seelsorgers ist sein eigenes Haus, in dem seine Frau ein und aus geht, wenn die Gemeindemitglieder spirituellen Beistand suchen). Diese Frau ist hundertprozentig unschuldig, wenn sie sich ihrer moralischen Verantwortung gegenüber dem Seelsorger, den sie zu ihrem Opfer macht, nicht bewußt ist. Sie ist sehr bescheiden, wirklich und in Wahrheit bescheiden. Sie ist zunächst etwas vorsichtig, bevor er das entdeckt. Zuerst erzählt sie ihm, daß sie zu Hause unglücklich ist … Er sieht sie, nur noch aus

Tränen bestehend … und bevor klar wird, was er tut, wird das „liebe Kind" geküßt. So ist es, wie es in neun von zehn Fällen geschieht. Ein guter Mann, verdammt und verloren durch einen schwachen Engel der Kirche (vgl. Gonsiorek 1995,7f.).

Ähnliche Vorstellungen, wonach die Frauen den Seelsorger verführen, finden sich in dem Roman *The Bishop's Mantle.* Agnes Turnbull beschreibt darin die Konflikte von Hilary Laurens, einem jungen Seelsorger:

Da gab es immer diese neurotischen Frauen, die nicht nur zu den Psychiatern strömten, sondern in ebenso großer Anzahl zu Seelsorgern, um dort ihr Herz und ihre angenommenen Krankheiten auszuschütten. Da gab es jene erbärmlichen Frauen, in deren Kopf Religion und Sex durcheinander gerieten; da gab es jene, die sich unsterblich in einen Seelsorger verliebten und Liebe von ihm verlangten. Ein Mann Gottes muß ständig auf der Hut sein vor solchen Problemen von Frauen (vgl. Gonsiorek 1995,9).

Die Gründe für sexuelle Grenzüberschreitungen von Seelsorgern, geistlichen Begleitern oder anderen kirchlichen Mitarbeitern im Rahmen ihrer Tätigkeit können recht unterschiedlich sein. Ein Mitarbeiter mag menschlich nicht reif genug sein, um sich als Helfer auf eine wirklich intensive Begegnung einzulassen. Dabei mag gerade auch ein Defizit im Bereich der Fähigkeit zur Intimität eine besondere Rolle spielen. Eine andere Person mag sich übernehmen, wenn sie glaubt, ohne genügend Selbsterfahrung und „Know how" über die Dynamik und Kunst von Beratung und Begleitung sich auf eine dichte helfende Begegnung einlassen zu können. Andere mag Streß oder ein akutes persönliches Problem anfällig für eine sexuelle Überschreitung machen. Unverarbeitete Wunden aus der Vergangenheit, z.B. eigene Mißbrauchserfahrungen, können weitere Gründe für sexuellen Mißbrauch im Kontext von Beratung sein. Auch Paraphilien, wie Pädophilie, Voyeurismus oder Fetischismus, lassen

sich gelegentlich als tieferliegende Ursachen nachweisen. Bei manchen mag zusätzlich ein psychopathologisches Verhalten oder ein Suchtproblem dazukommen. Manchmal ist es schwer, klar herauszufinden, ob die berufliche sexuelle Grenzüberschreitung am Anfang steht oder ob das Verhalten bereits ein Symptom einer tieferliegenden Störung, etwa einer psychischen Krankheit oder Sucht darstellt.
Die folgenden Ausführungen wollen einen Einblick in Ursachen und Situationen geben, die zu sexuellen Grenzverletzungen in helfenden Beziehungen führen können. Das soll an Beispielen aus der Erfahrungswelt kirchlicher Helfer und Helferinnen konkretisiert werden, zu denen unter anderem Priester, geistliche Begleiter und Begleiterinnen, Gemeindereferentinnen und Pastoralreferenten sowie andere hauptamtliche Mitarbeiter und Mitarbeiterinnen zählen. Es soll dabei der Blick für Situationen geschärft werden, die besonders anfällig sind für Überschreitungen. Weiter soll – wenigstens anfanghaft – etwas von der Dynamik und den tieferliegenden psychischen Gründen vermittelt werden, die bei sexueller Grenzüberschreitung in solchen Begegnungen eine Rolle spielen können. Schließlich soll, soweit das möglich ist, auf Hilfsmöglichkeiten und Konsequenzen im Falle von sexuellem Fehlverhalten hingewiesen werden. Dabei orientiere ich mich an den Fragen, die nach Richard Irons und Katherine Roberts (in: Hopkins/Laaser 1995,36) in einer solchen Situation gestellt werden müssen:

1. Wer ist dieser kirchliche Mitarbeiter, dem sexuelles Fehlverhalten vorgeworfen wird?
2. Warum kam es zu diesem sexuellen Fehlverhalten, und welche Dynamik und Verletzungen spielen dabei eine Rolle?
3. Ist der Mitarbeiter noch in der Lage, seinen Dienst auszuüben? Kann er jemals wieder in den kirchlichen Dienst zurückkehren, und wenn ja, unter welchen Bedingungen?
4. Wie soll auf das sexuelle Fehlverhalten reagiert werden? Durch Therapie, disziplinarische Maßnahmen oder eine Kombination von beiden?

1. Der naive Prinz

Viele Seelsorger und geistliche Begleiter, bei denen es zu sexuellen Grenzüberschreitungen kommt, dürften jener Gruppe zuzuordnen sein, die man als „naiv" bezeichnen könnte. Sie gehen blauäugig in eine zunächst normale und harmlose seelsorgliche Begegnung, um festzustellen, daß sie zunehmend in etwas hineinschlittern, mit dem sie nicht mehr angemessen umgehen können. Sie sind auf solche Situationen nicht vorbereitet worden und werden zu Opfern ihres Ideals, anderen helfen zu wollen. Sie sind nicht wirklich in Berührung mit ihren erotischen und sexuellen Bedürfnissen und sehen sich mit einer Situation konfrontiert, die sie nicht bewußt intendierten, die sich aber für die Menschen, die zu ihnen gekommen sind, und für sie selbst als schädlich erweist.

Pfarrer Heinrich läßt sich ungeschützt und naiv auf eine leicht entflammbare Situation ein

Pfarrer Heinrich kommt der Bitte einer jungen, verheirateten Frau in seiner Gemeinde nach, ihn in einer persönlichen Angelegenheit sprechen zu wollen. Da er bis spät am Abend Verpflichtungen hat, vereinbart er mit ihr für 21.00 Uhr ein Gespräch. Die Frau erscheint pünktlich, und er begleitet sie in sein Arbeitszimmer. Dort hat er eine kleine Sitzecke eingerichtet für Gespräche. Er sitzt ihr gegenüber, dazwischen steht ein kleiner Tisch. Vera Braun hat viel zu erzählen. Sie hat von ihrem Arzt erfahren, daß sie an einer Krankheit leidet, die zum Tod führen kann. Sie erzählt Pfarrer Heinrich von ihrer Angst, sterben zu müssen, auch davon, wie sie mit Gott darüber hadere, daß er ihr ein solches Los auferlegt habe. Sie erwähnt ihre kleinen Kinder, um die sie sich Sorgen macht, und erzählt von ihrem Ehemann, mit dem sie über die ganze Angelegenheit nicht sprechen könne, da er sich nicht darauf einlasse. All das habe, so fährt sie fort, zunehmend zu einer Entfremdung zwischen ihr und ihrem Mann geführt und das in einer Situa-

tion, in der sie mehr als je sein Verständnis und seine Nähe nötig habe.
Pfarrer Heinrich ist sehr betroffen von der Situation der jungen Frau. Obwohl er müde ist, wagt er nicht, das Gespräch nach zwei Stunden zu beenden. Zwischendurch zündet er eine Kerze an, weil er denkt, dadurch noch mehr eine Atmosphäre zu schaffen, die der Frau gut tut. Er empfindet Mitleid für sie, will ihr gut. Er kann nicht verstehen, wie der Ehemann in einer solchen Situation sich so wenig einfühlend gegenüber seiner Frau verhalten kann. Er selbst spürt bei sich eine zunehmende Offenheit und Sympathie für Vera. Das Verständnis und die Nähe, die Veras Mann ihr vorenthält, möchte wenigstens er ihr geben. Vera tut es gut, sich endlich all das von der Seele sprechen zu können, was sie bedrückt. Es tut ihr gut, ausreden zu dürfen. Auch fühlt sie sich von Pfarrer Heinrich verstanden. So hatte sie es sich von ihrem Mann gewünscht.
Gegen ein Uhr in der Frühe beendet Vera Braun das Gespräch. Pfarrer Heinrich umarmt sie beim Abschied, drückt sie für einen Moment an sich und streicht ihr zärtlich über den Rücken. „Es wird schon alles gut werden", sagt er dabei mit tröstendem Ton. Dann bietet er ihr an, jederzeit für sie erreichbar zu sein, wann immer sie ihn nötig habe.
Und Vera braucht ihn. Bereits nach zwei Tagen sitzt sie wieder spätabends bei ihm im Arbeitszimmer. Pfarrer Paul Heinrich hatte gehofft, daß sie wieder kommt. Er hatte sie herzlich begrüßt. Die Umarmung dauerte noch länger als bei der Verabschiedung. Es tat ihm gut, zu merken, wie willig sie sich darauf einließ, ja es offensichtlich genoß, für eine Weile in seinem Arm zu ruhen.
Auch diesmal dauert das Gespräch einige Stunden. Vera kommt in den nächsten Wochen regelmäßig. Einmal bringt sie eine Flasche Wein mit, die sie dann auch am gleichen Abend miteinander trinken. An diesem Abend schlägt Paul Heinrich auch vor, sich zu duzen. Man kenne sich jetzt doch schon so gut, ja sei so sehr miteinander vertraut, wie das nicht einmal bei Menschen der Fall sei, mit denen man sich schon lange duze.

Es dauert nicht lange, bis Paul Vera auch während des seelsorglichen Gespräches – als solches versteht er ihr Treffen immer noch – in den Arm nimmt und sie sich schließlich zunächst andeuten, dann aber offen gestehen, mehr füreinander zu empfinden und dieses Mehr dann auch zulassen, bis dahin, daß sie miteinander schlafen.

Pfarrer Heinrich hat sich äußerlich und innerlich ungeschützt auf eine leicht entflammbare Situation eingelassen. So konnte sich zwischen ihm und Vera Braun eine Vertrautheit und Intimität entfalten, ohne daß zugleich die äußeren und inneren Voraussetzungen gegeben waren, die vermocht hätten, diese Dynamik so zu steuern und zu gestalten, daß sie einem seelsorglichen Gespräch angemessen ist und der Ratsuchenden zur Hilfe gereicht. Es beginnt schon damit, daß das Gespräch im privaten Arbeitszimmer und das zu später Stunde, dazu ohne Zeitbegrenzung, später sogar noch bei romantischem Kerzenlicht, stattfindet. Mit seinem Angebot, jederzeit zur Verfügung zu stehen, und der Nivellierung des Beziehungsverhältnisses, indem Pfarrer Heinrich Vera Braun das Du anbietet, reißt der Pfarrer weitere Pflöcke nieder, die ihm zumindest etwas Halt und Distanz gegenüber den Kräften garantiert hätten, die zunehmend aus dem seelsorglichen Verhältnis ein Liebesverhältnis anbahnten. Die immer häufigeren und immer intensiver vollzogenen Umarmungen unterstützen diesen Prozeß.
Pfarrer Heinrich ist dabei schlicht überfordert. Weder verfügt er über eine Ausbildung für das seelsorgliche Gespräch und einer dafür notwendigen Selbsterfahrung, noch ist er von seiner persönlichen Entwicklung her sich seiner so sicher, daß er in einer angemessenen Weise diese Situation meistern könnte. Bis zu diesem Zeitpunkt hatte er sich nur am Rande mit seiner Sexualität, mit seinem Bedürfnis nach Intimität auseinandergesetzt. Er lebte eher zurückgezogen, hatte einige Priesterkollegen, mit denen er sich gelegentlich traf, ansonsten aber stand seine Arbeit im Mittelpunkt.
Suchten Menschen das Gespräch mit ihm, so war er immer offen

und bereit dafür. Er nahm sich dafür viel Zeit und fand darin auch viel Bestätigung, da die Menschen gerne zu ihm kamen und ihn auch immer wieder wissen ließen, wie sehr sie ihn als Gesprächspartner schätzten und wie sehr er ihnen geholfen habe. In diesen Gesprächen und diesem Beisammensein erfuhr er eine Nähe, die er sonst in der Regel nicht erlebte, nach der er sich aber sehnte.
So ergeht es ihm auch bei Vera. Zunächst ist er einfach davon beseelt, ihr zu helfen, sie in ihrer Not zu trösten, ihr das Verständnis, das ihr Mann ihr versagt, zu schenken. Und da ist ja auch soviel Verständnis für sie bei ihm vorhanden und soviel Bereitschaft, ihr das, was ihr Mann ihr versagt, zu geben. Es ist doch bei ihm da – unbenutzt –, warum nicht ihr schenken, wo sie doch so sehr danach verlangt und es gerade jetzt so sehr benötigt?
Anfangs ist er nicht damit in Berührung, daß auch, und zunehmend mehr, sich seine eigenen Bedürfnisse nach Aussprache, Verstanden-Werden, Nähe melden. Immer öfters spricht er von *seinen* Problemen, der vielen Arbeit, in der er fast erstickt, dem Fehlen von Freunden und Menschen, die ihn verstehen, die für ihn da sind. In Vera findet er eine aufmerksame Zuhörerin, die gerne bereit ist, ihm etwas von ihrer Aufmerksamkeit, Nähe und schließlich auch Zärtlichkeit zu schenken.

Unreife und Mangel an Intimitätsfähigkeit als Ursache für sexuelle Übergriffe

Helfer, unter ihnen Priester, geistliche Begleiterinnen oder andere kirchliche Mitarbeiter, die keine tiefen Beziehungen zu anderen Menschen haben, sind in besonderer Weise gefährdet, durch die dichte Dynamik, die in einer seelsorglichen Begegnung entstehen kann, überfordert zu werden. Das trifft zumindest dann zu, wenn sie selbst innerlich offen in eine solche Beziehung gehen. Andere gehen von vorneherein innerlich und äußerlich hochgerüstet in solche Begegnungen, vielleicht auch, weil sie wissen, der Situation nicht gewachsen zu sein. Auch wenn dieses „Zumachen“ sich un-

günstig auf ihr Gespräch auswirken mag, ist ein solches Verhalten letztlich weniger schädlich in seinen möglichen Auswirkungen als eine Offenheit, der man nicht gewachsen ist.
Ideal ist ein Seelsorger, der beziehungsfähig ist, das heißt, der zum einen in der Lage ist, sich auf eine tiefe, von Offenheit gekennzeichnete Beziehung in seinen seelsorglichen Begegnungen einzulassen, zugleich aber auch die Fähigkeit besitzt, sich angemessen abgrenzen und vor Einflüssen schützen zu können, die seine seelsorgliche Integrität untergraben würden. Das aber setzt eine reife Persönlichkeit voraus, die sich kennt und um die eigenen Bedürfnisse und Defizite in diesem Bereich weiß. Diese Person hat die Erfahrung gemacht, Herr im eigenen Haus zu sein. *Sie* entscheidet darüber, wem sie Einlaß bei sich gewährt und wem nicht. Zugleich ist es eine Person, die weiß, wie sie es anstellt, jemanden bei sich hereinzulassen oder aber auch jemandem Einlaß bei sich zu verwehren. Verschafft sich jemand ungefragt Einlaß, kann sie diesen wieder hinausbugsieren. Wer diese Voraussetzungen nicht erfüllt, ist gut beraten, sich im beraterischen Kontext nicht auf eine tiefere Beziehung einzulassen, ja, der darf sich nicht auf eine tiefere Beziehung einlassen.
Bei dem Typ des naiven Prinzen (vgl. Hopkins/Laaser 1995,40f.) handelt es sich, psychologisch betrachtet, um einen Helfer, der in der Regel insgesamt gesehen einen gesunden Eindruck macht und nur in einem geringen Ausmaß ein psychisch auffallendes Verhalten an den Tag legt. So wird bei ihm erst mit der Zeit deutlich, daß seine Fähigkeit, eine professionelle Grenze im Rahmen der Begleitung einhalten zu können, beeinträchtigt ist. Im nachhinein wird auch ihm klar, daß er sich gegen ethische Standards verhalten hat. Er ist auf den Beruf als Seelsorger, vor allem als Begleiter und Berater nur unzureichend vorbereitet worden. Von Übertragung oder Gegenübertragung hat er noch nichts gehört. Im sozialen Umgang mit anderen Menschen tut er sich schwer. Er wirkt insgesamt eher naiv. Seine Spiritualität und das Bild, das er von sich selbst hat, werden in seinem Fall oft stark von anderen her – und da vornehmlich

den Vorgesetzten, ihren Erwartungen und dem, was sie für gut finden – geprägt sein. Seine seelsorglichen Beziehungen sind eher oberflächlich und stereotyp.

Bei Einsicht gute Prognose für Heilung

Erkennt diese Person, so Hopkins und Laaser (ebd.), daß sie eine professionelle Grenze verletzt hat und daß sie unzureichend ausgebildet wurde, und bedauert sie die sexuelle Überschreitung überzeugend, besteht bei psychotherapeutischer Aufarbeitung und Supervision eine gute Prognose, was den weiteren Einsatz als Seelsorger angeht. Diese Personen mögen naiv sein, sie sind aber nicht unschuldig für ihr Verhalten und müssen lernen, ihrer Verantwortung gerecht zu werden, die sich aus ihrem Einfluß und den daraus resultierenden möglichen Gefahren und Konsequenzen ergibt. In manchen Fällen mag im Rahmen der Therapie auch eine Nachreifung angezeigt sein. Das heißt, daß diese Personen die Defizite im Bereich der Fähigkeit zur Intimität aufarbeiten und zunehmend lernen müssen, sich auf tiefe bedeutungsvolle Beziehungen zu anderen Menschen einlassen zu können. Gleichzeitig müssen sie fähig werden, sich von solchen Einflüssen fernzuhalten, die in Konflikt mit ihrem Dienst oder ihrem Auftrag und ihrer Verantwortung geraten.
Die Prognose für eine Wiedereinstellung in der Seelsorge sieht ungünstig aus, wenn diese Personen sich nicht konfrontieren lassen mit ihrem Fehlverhalten und nicht einsehen, daß es sich dabei um einen sexuellen Übergriff handelt. Sie sind sich dann nicht bewußt, etwas getan zu haben, was nicht in Ordnung ist. Sie sind es zumindest nicht in dem Sinne, daß sie wirklich ein Gespür dafür entwikkeln, mit ihrem Verhalten einer anderen Person, sich selbst und ihrem Auftrag einen Schaden zugefügt zu haben. Solange diese Einsicht nicht vorhanden ist und sich letztlich auch keine Bereitschaft zeigt, sich wirklich auf einen therapeutischen Prozeß einzulassen, der den Widerstand brechen und den Heilungsprozeß ermöglichen

könnte, muß damit gerechnet werden, daß ein solcher Seelsorger weiterhin für sexuelle Überschreitungen anfällig ist. Das aber heißt, in seinem Falle ist bis auf weiteres ein Einsatz als Seelsorger bzw. geistlicher Begleiter nicht möglich.

2. Der Liebeskranke

Typische Kennzeichen des liebeskranken Helfers

Liebeskrank nennt Glen O. Gabbard (in: Gonsiorek 1995, 136) einen Helfer, der sich in die ratsuchende Person verliebt, immer häufiger mit ihr außerhalb der Beratung Kontakt aufnimmt und schließlich mit ihr eine romantische und sexuelle Beziehung eingeht. Unter ihnen wird man auf Personen treffen, die nach außen hin normal erscheinen, andere mögen neurotische Probleme haben, wieder andere mögen sich augenblicklich in einer lebensgeschichtlich bedingten Krise oder auch in einer akuten Problemsituation befinden. Nicht auszuschließen ist, daß bei einigen auch eine schwere psychische Störung vorliegt. Insgesamt wird der liebeskranke Helfer als eine Person geschildert, die hungrig danach ist, geliebt und idealisiert zu werden. Sie hat ein unstillbares Bedürfnis nach Wertschätzung durch die Menschen, für die sie da ist. Sie neigt dazu, die Menschen, die zu ihr kommen, zu benutzen, um ihr eigenes Selbstwertgefühl zu heben.
Ein wesentliches Kennzeichen des liebeskranken Helfers ist, daß er sich in die Person, für die er als Seelsorger, als geistlicher Begleiter da ist – oder als Chef zuständig ist –, verliebt. Das ist zunächst etwas, das jedem Helfer, jedem Seelsorger, jedem geistlichen Begleiter passieren kann. Entscheidend ist, wie der Seelsorger damit umgeht. Gesteht er es sich nicht ein? Spricht er mit niemandem darüber, vielleicht auch weil es für ihn keine Menschen gibt, denen gegenüber er sich offen aussprechen kann? Läßt er sich von diesen Gefühlen davontragen bis dahin, daß er versucht, einen näheren Kontakt zu der Person, der seine Gefühle gelten, herzustellen? Hat

der Seelsorger ein Gespür dafür – und verhält er sich dann auch dementsprechend –, daß er diese Gefühle im seelsorglichen und beraterischen Kontext oder als Chef einer Mitarbeiterin gegenüber nicht ausagieren darf? Es geht nicht darum, diese Gefühle zu dämonisieren. Es geht darum, mit diesen Gefühlen in Berührung zu sein und in der Lage zu sein, sie in der Beziehung zu den Menschen, für die er da bzw. zuständig ist, nicht auszuagieren. Aufgrund besonderer innerer oder äußerer Einflüsse sind diese Wachsamkeit und Fähigkeit manchmal eingeschränkt bzw. nicht gegeben.

Bei dem sogenannten typischen liebeskranken Helfer handelt es sich um eine Person im mittleren Alter, die sich in eine viel jüngere Person verliebt, während der Helfer gerade in Scheidung oder Trennung lebt, über seine eigene Ehe enttäuscht ist, oder, wenn er Priester ist, Probleme mit dem Zölibat hat. Oder der Helfer befindet sich augenblicklich gerade in einer akuten Krise, da er z.B. eine wichtige Person in seinem Leben verloren hat. In seinen seelsorglichen und beraterischen Begegnungen mag er zunehmend seine eigenen Probleme vorbringen und sich als jemanden darstellen, der selbst bedürftig ist. Gerade dieser Rollentausch geht häufig einer sexuellen Überschreitung im seelsorglichen oder beraterischen Kontext voraus. Das trifft auch auf die Beziehung z.B. zwischen einem Priester und seiner hauptamtlichen Mitarbeiterin zu, wenn die Beziehung zum einen zunehmend nivelliert wird, zum anderen immer stärker personalisiert wird bis dahin, daß der Priester, der zugleich Chef ist, zunehmend von seinen Problemen und seinen Bedürfnissen gegenüber seiner von ihm abhängigen Mitarbeiterin spricht.

Der angeschlagene, liebesbedürftige Seelsorger

Die 22jährige Patricia kann es kaum erwarten, ihrem Seelsorger von ihren augenblicklichen Problemen mit ihrem Freund Robert zu berichten. Sie fühlt sich von ihm nicht verstanden und macht lange

Phasen durch, in denen sie sich trotz ihrer Freundschaft mit Robert alleine fühlt. Pfarrer Hans Huber hört ihr zunächst aufmerksam zu. Bald jedoch unterbricht er sie und versucht sie zu beruhigen, indem er sagt, daß die von ihr geäußerten Probleme ganz normal seien. Ja, er selbst kenne solche Erfahrungen des Alleinseins. Und schon ist er dabei, ausführlich über sich und seine Probleme zu sprechen. Er war nicht weniger begierig danach, mit jemandem über sich und seine Probleme sprechen zu können als Patricia, und kaum war das Stichwort Alleinsein gefallen, bricht es nur so aus ihm heraus. Patricia stellt sich sehr schnell auf die neue Situation ein. Sie ist interessiert an dem, was Pfarrer Hans Huber aus seinem Leben erzählt. In einer gewissen Weise fühlt sie sich auch geehrt, daß er ihr gegenüber so offen ist. Auch Pfarrer Huber merkt schnell, daß Patricia ihm mit großem Interesse zuhört. Das hilft ihm und motiviert ihn, noch mehr über sich zu erzählen. Patricia und Pfarrer Huber vereinbaren weitere Treffen miteinander. Sie tauschen sich dabei gegenseitig aus, entdecken viele Gemeinsamkeiten, und Patricia genießt es, soviel Vertrauen des Pfarrers zu erfahren. Pfarrer Huber gewinnt zunehmend den Eindruck, daß er in seinem Leben noch nie von jemandem so gut verstanden wurde wie von Patricia. Er spürt auch, wie bei jeder Begegnung seine Zuneigung zu ihr wächst. Er kann es noch gar nicht glauben, endlich einen Menschen gefunden zu haben, der ihn ganz versteht, der offensichtlich immer wieder auch den richtigen Ton findet und ihm einfach das Gefühl gibt, so wie er ist, angenommen zu sein. Einmal spricht er davon, sehr bewegt, daß er als Kind nie Geborgenheit oder eine Umarmung erfahren habe. Da steht Patricia auf und legt ihre Arme um ihn, und beide erleben eine besondere Nähe. Von da an sitzen sie sich nicht länger gegenüber, sondern setzen sich nebeneinander auf die Couch. Hans legt seinen Kopf in ihren Schoß, während sie ihn streichelt. Dabei spricht er über Dinge in seinem Leben, über die er bisher noch nie mit jemandem gesprochen hat. Bei einer der nächsten Begegnungen wagt es Hans, Patricia gegenüber einen Wunsch zu äußern, den er bisher nicht einmal sich selbst gegenüber zugestan-

den hat. Er wolle sich einmal ganz als Mann erleben. Sie sagt ihm, daß es nichts gebe, das sie nicht für ihn tun würde. (vgl. Pope/Bouhoutsos 1986,4ff.)

Der schlüpfrige Hang hin zur sexuellen Intimität beginnt oft, so Kenneth Pope und Jacqueline Bouhoutsos, mit graduellen, zunächst nicht wahrnehmbaren Grenzverwischungen: Der Helfer wird zum Sprecher, die Ratsuchende zur Zuhörerin. Das Leben und die Bedürfnisse des Helfers treten in den Mittelpunkt, die legitimen Bedürfnisse der Ratsuchenden werden sekundär oder überhaupt übergangen. Die Ratsuchende beginnt, sich wichtig zu fühlen angesichts ihrer offensichtlichen Bedeutung für den Helfer.
Hier zeigt sich unter anderem auch, wie wichtig es für jeden Helfer ist, außerhalb seiner helfenden Beziehung genügend Ressourcen zu haben, um seine eigenen Bedürfnisse und Wünsche befriedigen zu können. Wenn Helfer in ihrem persönlichen Leben Schwierigkeiten haben, sind neben guten privaten Beziehungen und Freundschaften Beratung, Supervision oder auch Therapie nützliche, mitunter sogar notwendige Vorkehrungen.

Der liebeskranke Helfer

Wenn sich ein Helfer in eine Ratsuchende verliebt, geht es darum, angemessen mit diesem Verliebtsein umzugehen. Das mag in dem einen Fall, wenn es sich um ein sogenanntes normales Sich-Verlieben handelt, noch am ehesten möglich sein. Schwieriger wird es, wenn dieses Sich-Verlieben sich zu einer Liebeskrankheit entwikkelt, das heißt, der Seelsorger so sehr von den erotischen Gefühlen besetzt ist, mitunter sogar besessen, daß er glaubt, gar nicht mehr ohne die andere Person leben zu können. Ist dieses Phänomen schon in einer normalen Situation, auch außerhalb der Seelsorge oder Beratung, ein großes Problem, so wird es im Kontext von Seelsorge und Beratung noch viel schwieriger zu lösen sein. Vielfach überfordert es dann den Helfer.

Eine Weise, dieses Auftreten von „Liebeskrankheit" im seelsorglichen oder beraterischen Kontext zu beschreiben und zu verstehen, besteht darin, so Glen O. Gabbard (in: Gonsiorek 1995,137), davon auszugehen, daß der Helfer in der gleichen Weise erotische Gefühle für die Ratsuchende entwickelt, wie z.B. Opfer von sexuellem Mißbrauch in der Beratung erotische Gefühle für ihren Helfer entwickeln. Die Fähigkeit des Helfers, einen Gegenübertragungswunsch von der Wirklichkeit der Situation zu unterscheiden, die von ihm sonst erwartet werden kann, ist in diesem Fall beeinträchtigt, so daß er seine Liebesgefühle gegenüber der Ratsuchenden gleichsam für bare Münze nimmt. Sie verlieren dann ihre „Als-ob-Qualität", das heißt, sie werden nicht mehr als Übertragung oder Gegenübertragung gesehen, sondern als direkt dem Helfer beziehungsweise der Klientin geltende Liebesgefühle. Der Helfer vermag in dieser Situation nicht zu sehen, daß etwas aus seiner Vergangenheit sich wiederholt und daß Gefühle gegenüber Personen aus der Vergangenheit des Helfers auf die Ratsuchende übertragen werden. Es läßt sich in diesem Falle eine Form von nichtpsychotischem Realitätsverlust feststellen. Außerhalb dieser besonderen *folie à deux*, einem Zustand, in dem der Helfer nicht mehr genau unterscheiden kann, was ist sein Eigenes und was von dem, was er in sich spürt, ist von der anderen Person, scheint die Realitätswahrnehmung des Helfers als intakt. Innerhalb dieser Zweierbeziehung ist es für den Helfer aber offensichtlich aufgrund eines Mangels an Urteilsvermögen und Wirklichkeitswahrnehmung nicht mehr möglich zu sehen, wie zerstörerisch und schädigend die Beziehung geworden ist.

Einige liebeskranke Helfer sind überzeugt, daß ihre sexuelle Beziehung mit einem Klienten irgendwie eine Ausnahme ist, für die die ethischen Standards nicht gelten. In solchen Fällen neigen die Helfer dazu, die Liebe zwischen ihnen und ihrer Klientin als etwas zu bezeichnen, das Übertragung und Gegenübertragung übersteigt. Sie mögen sich und ihre Klientin als Seelenverwandte bezeichnen, die dafür bestimmt waren, sich zu treffen. Die Beziehung wird dadurch zu etwas so Außergewöhnlichem, daß weltliche ethische Vorschriften hier nicht greifen.

Nach fast einem Jahr ihrer geistlichen Begleitung entdeckte Angelika, daß sie sich von ihrem geistlichen Begleiter Pater Eduard erotisch stark angesprochen fühlt. Nach einigem Zögern getraute sie sich, ihm das mitzuteilen. Auch Pater Eduard entdeckte im Verlauf der Begleitung ähnliche Gefühle bei sich. In der Begegnung mit ihr spürte er eine Nähe, die er bisher noch nicht erfahren hatte. Er erlebte so etwas wie eine Seelenverwandtschaft, für die er das Schicksal verantwortlich machte. Mehr und mehr mußte er sich zugestehen, wie diese Beziehung zu Angelika im Grunde genommen die kostbarste Beziehung war, die er augenblicklich in seinem Leben kannte. Er war sich nicht klar, wie er damit umgehen sollte. Er wußte, daß es für ihn als Priester, Ordensmann und Helfer nicht erlaubt war, seinen erotischen Gefühlen nachzugeben und sie in einer auch sexuellen Beziehung zu Angelika zu leben. Doch, so fragte er sich immer öfters, galten diese Verbote, die für ihn allgemein gesehen ihre Berechtigung hatten, auch in diesem Falle? War das nicht eine ganz besondere Situation? Wenn ich genauer hinschaue, wie diese geistliche Begleitung aussieht, dann kann man, so redete er sich immer intensiver ein, doch eigentlich nicht von einer wirklichen geistlichen Begleitung sprechen. Wir tauschen uns über unsere spirituellen Erfahrungen aus, und es ist für mich nicht weniger von Gewinn als für Angelika. Entscheidend aber, so sagte er sich, ist aber doch die Tatsache, daß es sich hier um etwas ganz Außergewöhnliches handelt, was es nur einmal im Leben gibt. Wir gehören einfach zusammen. Die üblichen Einschränkungen, etwa daß ich versprochen habe, ehelos zu leben, oder daß Angelika als Ratsuchende zu mir gekommen ist und von daher sich eine erotische oder sexuelle Beziehung verbietet, gelten hier doch nicht. Was in der Welt könnte wirklich wichtiger sein, ja gar heiliger sein, als diese einzigartige Liebe? Könnte ich es jemals vor mir und vielleicht sogar vor Gott rechtfertigen, dieses Geschenk des Lebens einfach auf die Seite zu schieben und das nur deshalb, weil ich irgendwann einmal versprochen habe, ehelos zu leben oder weil Angelika zunächst als Ratsuchende zu mir gekommen ist? Wir sollten uns wohl über den Weg der Beratung treffen. Sicher wollte Gott uns auf diese Weise zusammenführen. Das nächste Treffen begann Pater Eduard damit, daß er Angelika über seine Gefühle für sie informierte. Weiter sagte er ihr, daß sie mit dieser Angelegenheit besonnen und sehr diskret umgehen müßten, da die Umgebung, vor allem die Mitbrüder und die Öffentlichkeit diese spezielle Situation in ihrer wahren Bedeutung nur sehr schlecht einschätzen könnten. Angelika ließ sich bereitwillig darauf ein. Beide hinderte jetzt nichts mehr daran, ihren Gefühlen freien Lauf zu lassen.

„Halte mich!"

Die Entwicklung einer sexuellen Beziehung in einem seelsorglichen oder beraterischen Kontext kann auch, so Glen O. Gabbard (1995,138f.), als die Wiederholung früherer Mißbrauchs-Situationen im Leben einer der dabei involvierten Personen gesehen werden. Beide Personen sind in diesem Falle füreinander ein verbotenes Liebesobjekt. Bei dem Helfer wird das psychologische Verbot noch verstärkt durch die ethischen oder strafrechtlichen Verbote. Opfer von Inzest haben, so Gabbard, die Tendenz, sich in Situationen zu begeben, in denen sie wieder zu Opfern werden. Sowohl der Helfer als auch die Ratsuchende finden im jeweils anderen wieder verbotene Liebesobjekte aus der Vergangenheit, und der Helfer agiert das aus, statt darin den Wunsch des Unbewußten zu sehen, das vergangene Trauma zu wiederholen. Er tut das alles unter dem Vorwand „wahrer Liebe".
Besonders bei Opfern von Inzest mag der Wunsch nach Fürsorge oft mit Sexualität gleichgesetzt werden. Die professionelle Distanz einer Beziehung mag nicht akzeptiert werden, und das Verlangen, geliebt und gehalten zu werden, kann so oft wiederholt werden, bis der Helfer schließlich nachgibt. Der eigentliche Wunsch nach müt-

terlichem Umsorgtwerden wird dann als Wunsch nach Sexualität mißverstanden und dementsprechend beantwortet werden. Ein vorgenitales Bedürfnis wird mißverstanden als Verlangen nach genitaler sexueller Aktivität.
Manche liebeskranken Helfer mißbrauchen das tiefe und überwältigende Bedürfnis ihrer Ratsuchenden, gehalten und getröstet zu werden. Das Verlangen, gehalten zu werden, das die Ratsuchenden sich zunächst in einem nichtsexuellen Sinne wünschen, mag für manche Ratsuchende nur über den sexuellen Kontakt, so scheint es, erreichbar zu sein. Sie glauben, daß der sexuelle Kontakt oder das sexuelle Verlangen des Helfers der notwendige Preis für das rettende, schützende, lebenspendende „Halten" ist. Die Übertragung, aber auch die Gegenübertragung kann in diesen Fällen sehr stark sein. Die seelischen Verletzungen, die sich daraus für die Ratsuchenden ergeben, können sehr groß sein (vgl. Pope/Bouhoutsos 1986,20f.).

Steve hielt sich für einen sehr einsichtsvollen und sensiblen Berater. Theresa, seine Klientin, schätzte ihn wegen seiner Wärme und seinem netten Wesen. In den vergangenen zwei Jahren war Theresa in eine Serie kurzlebiger und katastrophaler Liebesaffären verwickelt gewesen. Sie begann die Beratung in der Hoffnung, ihre Lebenssituation zu verbessern. Nicht einmal im Traum hatte sie sich vorgestellt, einen so verständnisvollen und alles akzeptierenden Mann wie Steve kennenzulernen. Während die Begleitung voranschritt, spürte Theresa zunehmend ein tiefes Verlangen, sich auf den Schoß von Steve setzen zu dürfen und dabei seine starken Arme zu spüren, die sie vor der Welt schützen würden. Es fiel ihr schwer, ihm gegenüber von diesen Wünschen zu sprechen. So war sie überrascht, als er ihr mitteilte, es gäbe keinen Grund, warum sie das nicht tun sollte. Doch obwohl sich auf diese Weise ihr tiefster Wunsch zu erfüllen schien, spürte sie zugleich auch eine eigenartige Angst. Als sie zögerte, sprach Steve in der üblichen Weise auf eine ruhige Art ihre Furcht an. Er sagte, das, was sie vorhabe, mache Sinn. Es könne zu ihrem inneren Wachstum beitragen. Er sei so etwas wie ein Modell für einen liebevollen und annehmenden Elternteil, ganz anders als das auf ihre Eltern zutreffe. Wenn er sie halte, wäre das sicher die therapeutische Intervention, die ihr am meisten nützen würde. Als sie schließlich auf seinem Schoß saß, hatte sie das Gefühl, ein kleines Kind zu sein. Als er ihre Haare und ihren Rücken streichelte, fühlte sich das warm und gut an. Dann streichelte er ihre Beine. Das verwirrte sie. Sie hatte eine eigenartige Empfindung und wußte nicht, wie sie damit umgehen sollte. Sie geriet in Panik und das so sehr, daß sie sich nicht mehr in der Lage sah, sich zu bewegen oder etwas zu sagen. Es war für sie wie in einem Alptraum. Ihr Körper war wie gelähmt, doch sie fuhr fort, auf seine Stimme zu hören, die hypnotisierend auf sie wirkte. Er sagte, daß er gerne noch näher bei ihr wäre, daß er sie, ohne daß etwas zwischen ihnen wäre, halten möchte. Sie verließ das Büro, ohne wirklich zu wissen, was geschehen war. Sie verfiel in Angst und Depression. Während der folgenden Sitzungen war sie überwältigt und verwirrt. Er fuhr fort, ihr zu sagen, sie könne ihm vertrauen, und sie hätten soviele Jahre schlechter Elternschaft aufzuarbeiten. Sie haßte es, wenn er sie auszog und sie aufforderte, bestimmte Dinge mit ihm zu tun, aber sie hatte das Gefühl, daß das die einzige Möglichkeit war, von ihm gehalten zu werden. Wurde sie aber nicht von ihm gehalten, hatte sie das Gefühl, leer zu sein, nicht zu existieren (vgl. Pope/Bouhoutsos 1986,20f.).

An diesem Beispiel läßt sich auch ein weiteres Kennzeichen vieler liebeskranker Berater aufzeigen: die Überzeugung, daß sie ihren Ratsuchenden Wunderbares tun, auch dann, wenn sie dabei sexuell übergriffig werden. Auf diese Weise müssen sie sich selbst gegenüber nicht zugeben, so Glen O. Gabbard (1995,135), daß sie von der Zuneigung der Ratsuchenden, die zu ihnen kommen, abhängig sind und sie für ihre eigene Befriedigung mißbrauchen. Unter ihnen befinden sich auch Helfer, die der Überzeugung sind, die Menschen, die zu ihnen kommen, weit besser lieben zu können als deren Eltern.

Gerade unter Seelsorgern und geistlichen Begleitern finden sich immer wieder auch Helfer, die davon überzeugt sind, daß Liebe viel heilsamer ist als irgendeine Technik, die man durch ein professionelles Training anerlernt hat. Sie achten dann nicht hinreichend auf die Grenzen ihrer Liebe. Gerade weil sie davon überzeugt sind, daß es letztlich die Liebe ist, die heilt, setzen sie sich unter Druck, wenn die Heilung ausbleibt, und strengen sich noch mehr an, mit dem Ergebnis, daß sie noch mehr den Pol, der sie mit ihrer Aufgabe, Rolle und Verantwortung als Seelsorger verbindet, verlassen. Abgesehen davon, daß sich hinter einer solchen Einstellung eine maßlose Selbstüberschätzung und Omnipotenzvorstellung verbirgt, kann hinter einer solchen Haltung „allein die Liebe heilt" auch eine offene Wunde schwelen, die, solange sie nicht geheilt ist, sich destruktiv im Verhalten des verwundeten Helfers niederschlägt. Dazu kommt, daß hinter einer solchen Haltung oft eine gehörige Portion Arroganz gegenüber anderen Helfern festzustellen ist, die sich die Mühe gemacht haben, sich über viele Jahre Wissen und Methoden anzueignen, die sich in der Arbeit mit Ratsuchenden bewährt haben, ohne daß sie dabei vergessen haben, daß eine menschenfreundliche und liebevolle Einstellung gegenüber der hilfsbedürftigen Person genauso wichtig ist.

Wenn die sexuelle Befriedigung nicht im Vordergrund steht

Manche Berater, die in Familien groß wurden, in denen sie wenig Liebe erfahren haben, mögen versuchen, so Gabbard (1995,139), von ihren Ratsuchenden die Liebe zu holen, die sie von ihren Eltern nicht empfangen haben. Das Verlangen, geliebt zu werden, wird dadurch gerechtfertigt, daß man anderen viel gibt. Wieder andere Helfer machen ihr Selbstwertgefühl von dem Erfolg ihrer Beratung abhängig. Bleibt dieser Erfolg aus, mag das bei manchen Helfern dazu führen, daß sie aus Verzweiflung über die Frustration, an die Grenzen ihres Könnens gelangt zu sein, sich auf sexuelle Beziehungen mit ihren Ratsuchenden einlassen.

Andere Helfer, die in einer institutionellen Einrichtung arbeiten, entwickeln, nach Glen O. Gabbard, mit der Zeit Ärger über ihre Institution, von der sie sich schlecht behandelt fühlen. Dabei wird manchmal der Ärger gegenüber der Organisation durch sexuelle Übergriffe im beraterischen Kontext ausagiert. Bei Seelsorgern und pastoralen Beratern kann sich die Abneigung gegenüber einer Kirche oder einem bestimmten kirchlichen Oberen in einem sexuell übergriffigen Verhalten niederschlagen. Nicht selten geschieht es auch, daß eine zu Ende gehende Beratung in Form einer persönlichen und dann auch sexuellen Beziehung fortgesetzt wird. Dahinter mag manchmal die Weigerung stehen, die ratsuchende Person wirklich loszulassen.
Schließlich gibt es, so Glen O. Gabbard (141), Berater, die sich auf sexuelle Beziehungen mit Ratsuchenden einlassen, weil sie unsicher sind in bezug auf ihre Männlichkeit. Die Betroffenen suchen dann Bestärkung und Wertschätzung für sich als Männer. Die sexuelle Befriedigung ist in diesen Fällen eher sekundär. Hier geht es vor allem um die Bestärkung der Geschlechtsidentität.
Bei anderen Helfern mag hinter dem sexuellen Übergriff der Wunsch stehen, durch die ratsuchende Person verwandelt zu werden. In diesen Fällen geht es in der Regel nicht darum, das Liebesobjekt zu besitzen, sondern sich gleichsam einem Medium hinzugeben, das das eigene Selbst verwandelt. In dieser Situation mag der Begleiter letztlich die Phantasie verfolgen, über das Liebesobjekt, das er wie einen Engel sieht, eine magische Verwandlung oder Veränderung zu erfahren.

Hilfen und Konsequenzen

Liebeskranke Helfer, die sich unsterblich in die ratsuchende Person verliebt haben, sind, solange sie im Zustand des Verliebtseins verharren, in der Regel resistent gegenüber einer Therapie. Wenn sie mit ihrem Fehlverhalten konfrontiert werden, bestehen sie oft darauf, daß ihre Beziehung alle Überlegungen bezüglich Übertragung und Gegenübertragung überschreitet. Sie mögen erstaunt sein, daß man ihnen überhaupt eine Therapie nahelegt, handelt es sich doch in ihrem Fall um ein so außergewöhnliches, ja ekstatisches Erlebnis, und das mit beiderseitiger Zustimmung. Da sie ihre Liebe in keinem Zusammenhang mit Übertragung oder Gegenübertragung sehen können, sehen sie keinen Sinn in einer Therapie.

Läßt der Zustand des Verliebt-Seins nach, wächst bei vielen liebeskranken Helfern, so Glen O. Gabbard (1995,144), die Bereitschaft einzusehen, wie töricht sie sich mitunter verhalten haben. Sie sind dann auch bereit, sich auf eine Therapie oder Analyse einzulassen, die ihnen helfen soll herauszufinden, warum sie sich auf eine solche Situation eingelassen haben. Aber auch dann, wenn die Therapie erfolgreich ist, müssen die Helfer, die sich auf eine sexuelle Beziehung mit Ratsuchenden eingelassen haben, einsehen, daß sie nach wie vor dafür anfällig sein können, Ähnliches wieder zu tun. Sie sollen daher nach Möglichkeit intensive Formen von helfenden Begegnungen vermeiden.

3. Der verwundete Verwunder

Nach Richard Irons und Katherine Roberts (1995,33ff.) sind viele professionelle Helfer, die Ratsuchende oder von ihnen abhängige Mitarbeiter sexuell belästigen oder mißbrauchen, selbst Opfer psychischen oder sexuellen Mißbrauchs oder Inzests. Andere unter ihnen wurden als Kinder oder Jugendliche von den Eltern im Stich gelassen. Diese Wunden haben zum Teil schwerwiegende Auswirkungen auf ihre intellektuelle, emotionale und psychosexuelle Entwicklung.

Aufgrund gesellschaftlicher Erwartungen, denen zufolge von Erwachsenen erwartet wird, stark und fähig zu sein, Wunden, die sie früh in ihrem Leben erlitten haben, zu unterdrücken, unterlassen es die meisten, über ihre Traumen zu sprechen. Unter bestimmten Um-

ständen können ihre Wunden, die sie lange verschlossen hielten, sich öffnen und dazu führen, daß aus den Opfern Täter werden.
Das sexuelle Fehlverhalten findet in diesen Fällen in der Regel, so Irons und Roberts weiter, nach einem ritualisierten Muster statt, im Falle des Seelsorgers etwa vorwiegend mit besonders verwundbaren Gemeindemitgliedern oder anderen sorgfältig ausgewählten Personen. Irons und Roberts unterscheiden dabei verschiedene Verhaltensweisen. Im Falle von *metaphorischem Inzest* läßt sich bei dem sexuellen Fehlverhalten eine Parallele aufzeigen zwischen dem inzestiösen Vater und dem mißbrauchten Kind. Dabei erwecken die kirchlichen Mitarbeiter zunächst wie inzestuöse Väter den Eindruck, psychisch gesehen gesund zu sein. Sie werden von den Gemeindemitgliedern, der Familie, Freunden und Gleichaltrigen grundsätzlich als normal eingestuft, bis ein Vorwurf auftaucht. Mit diesem sogenannten metaphorischen Inzest geht oft eine sexuelle Sucht einher. Bei dem kirchlichen Mitarbeiter, der, um seinen sexuellen Wünschen nachkommen zu können, körperliche Gewalt, Drohung, Erpressung oder direkte Nötigung bewußt einsetzt, sprechen Irons und Roberts von *metaphorischer Vergewaltigung.* Eine Vergewaltigung mag hier sowohl tatsächlich als auch im übertragenen Sinne vorliegen. Schließlich gibt es eine relativ kleine Anzahl von kirchlichen Mitarbeitern, die Kinder oder Erwachsene, die körperlich behindert oder seelisch krank sind, sexuell *belästigen.* Bei diesen Tätern handelt es sich in der Regel um Personen mit einer sehr stark ausgeprägten Paraphilie, wie Pädophilie oder einem sexuellen Masochismus und Sadismus.
Richard Irons und Katherine Roberts (1995,41ff.) haben den Versuch unternommen, einige typische Profile von kirchlichen Mitarbeitern, die sexuelle Grenzüberschreitungen im Rahmen ihrer Tätigkeit vornehmen, zusammenzustellen. So sehr solche Profile immer auch die Gefahr mit sich bringen, daß sie einseitig sind, können sie helfen, etwas von der Dynamik und dem Verhalten kirchlicher Helfer, die im Rahmen von Seelsorge übergriffig werden, transparenter zu machen.

Der verwundete Krieger

Dieser Seelsorger will nach Abschluß seiner Ausbildung seine ganze Energie in den Dienst der Gemeinde stellen. Sein soziales Leben und seine persönlichen Bedürfnisse vernachlässigt er dafür. Seinen Selbstwert erhält er durch seinen Einsatz für die anderen. Zunehmend gerät er in eine persönliche, existentielle Not. Bisher verdeckt gehaltene Wunden aus der Vergangenheit brechen auf. Berufliche Anfragen, kombiniert mit der eigenen inneren Auseinandersetzung, führen schließlich dazu, daß er sich mit einer oder mehreren Frauen aus seiner Gemeinde oder mit Mitarbeiterinnen sexuell bzw. romantisch einläßt. Durch die fortgesetzten und geheim gehaltenen Beziehungen isoliert und verwundet er sich immer mehr. Sein Verhalten dient ihm als ein vorübergehendes Ausweichen vor dem Schmerz tiefer Scham, die er in sich spürt. Statt seine Probleme zu lösen, verschärft er sie. Im Verborgenen trägt er die Last dieses versteckten und geheimgehaltenen Lebens und mag sich schließlich erleichtert fühlen, wenn er damit konfrontiert wird. Ein Seelsorger in dieser Situation befindet sich oft auch in einer spirituellen Krise, die sich u.a. in dem Zwiespalt zeigt: hier die Ideale und die Tradition seiner Kirche, da sein eigenes unwürdiges Verhalten. Die Vorstellung, daß Gott abwesend ist, die in diesem Fall oft vorhanden ist, verstärkt seine Gefühle von Schuld, Scham und Wertlosigkeit.

Bei dem Typ des *verwundeten Kriegers* handelt es sich in der Regel, so Irons und Roberts (1995,43f.), um insgesamt gesehen psychisch gesunde Menschen. Ab und zu mögen sie an einer situationsbedingten Depression leiden. Werden die frühe Verwundung und das sich daraus ergebende Verhalten zu Beginn ihrer seelsorglichen Tätigkeit aufgedeckt und sind sie ansonsten in der Lage, ihrem Dienst gerecht zu werden, ist in ihrem Fall bei Begleitung und Therapie die Prognose günstig. Bei manchen von ihnen mag auch ein Substanzmißbrauch, z.B. in Form von Tabletten oder Drogen oder sexuelles Suchtverhalten nachweisbar sein. Psychotherapie, Konfrontation und Auseinandersetzung in einer therapeutischen Gruppe sowie Aufklärung über Nähe und Distanz in helfenden Begegnungen, sind in ihrem Fall notwendig. Eine Weiterbeschäftigung in der Seelsorge ist bei ihnen in der Regel möglich, wenn die Bereiche, in denen sie seelsorglich tätig sein können, klar abgegrenzt und eingeschränkt werden und ihre Tätigkeit mit weiterer Begleitung und Supervision einhergeht.

Der Märtyrer

Bei dem Märtyrertyp steht die Arbeit an erster Stelle. Seine Wunde zeigt sich mit der Zeit in sexuellen oder romantischen Beziehungen mit Mitgliedern seiner Gemeinde. Der Märtyrertyp sieht sich selbst als der leidende Gottesknecht und fühlt sich verkannt, da die anderen nicht sehen, wie sehr er sich für seine Kirche und seine Gemeinde aufbraucht. Sein Lamentieren äußert sich in Worten wie: „Ich habe so viel für euch getan, nun will ich auch etwas haben." Er wirkt ärgerlich, zurückhaltend, isoliert und nimmt oft die Rolle des selbsternannten Propheten ein, der sich für andere opfert. Was die Beziehung zu bestimmten Menschen in seiner Gemeinde angeht, kennt er eigene ethische Standards, die er für sich gut zu begründen versteht. Mit diesen Menschen verstrickt er sich emotional. Die unterschiedlichen Rollen, die diese Menschen in seinem Leben spielen, verwischt er. Ritualisierte Annäherungsversuche entwickelt er schließlich hin zu sexuellen Kontakten, nicht selten mit einer ganzen Reihe von Frauen seiner Gemeinde. Diese Beziehungen können über einen längeren Zeitraum dauern. Der Märtyrertyp hat von sich eine hohe Meinung. Oft glaubt er über eine besondere Art von Seelsorge zu verfügen, für die ihn Gott auserwählt hat. Wird er mit seinem sexuellen Verhalten konfrontiert, mag er innerlich bereits, sowohl emotional als auch körperlich, ziemlich am Ende sein. Tiefe Traurigkeit überkommt ihn dann. Er mag sich wie gelähmt erleben. Gott erfährt er oft als eine weit entfernte, ihn verurteilen-

de Kraft, die ihm in dieser Situation Stärkung versagt und das, obwohl er doch alles für andere getan und geopfert hat und deshalb Hilfe erwarten dürfte.

Nach Irons und Roberts (1995,44f.) liegt bei dem Märtyrertyp in der Regel ein ausgeprägtes neurotisches Verhalten vor. Er lebt sehr zurückgezogen und neigt zu Melancholie. Bei ihm mag auch eine bisher nicht entdeckte körperliche Krankheit vorliegen. Ein Substanzmißbrauch oder sexuelles Suchtverhalten bzw. zwanghaftes Essen oder Spielen mag bei diesem Typ von Helfer ebenfalls immer wieder eine Rolle spielen. Wenn diese Seelsorger mit ihrem Verhalten konfrontiert werden, sind sie beruflich bereits so beeinträchtigt, daß in der Regel in den meisten Fällen ein Rückzug aus dem Dienst angezeigt ist. Die Heilung geschieht oft nur sehr langsam. Lassen sich die Personen auf eine Therapie ein, besteht im Einzelfall eine gute Prognose. Die Rückkehr in den aktiven Dienst muß bei ihnen oft verschoben werden oder ist in vielen Fällen nur in einer eingeschränkten Weise möglich.

Der falsche Liebhaber

Der falsche Liebhaber versieht seinen seelsorglichen Dienst perfekt und voller Enthusiasmus, in seinem persönlichen Leben und in seiner persönlichen Entwicklung ist er aber auf der Stufe eines Jugendlichen stehengeblieben. Er verstrickt sich in sexuelle Beziehungen mit Frauen (ist er homosexuell, mit – oft jüngeren – Männern) – seien es Mitarbeiterinnen oder Mitglieder seiner Gemeinde –, die zumindest für eine Weile seinem Bild von Vollkommenheit entsprechen. Doch sehr bald findet er immer wieder heraus, daß jede von ihnen ganz normal und irdisch ist. Dann läßt er sie fallen, um seine Ideale und Wünsche auf andere Frauen zu projizieren, in der Hoffnung, daß sie seine Bedürfnisse befriedigen. Der falsche Liebhaber ist charmant, kreativ, voller Energie. Er ist idealistisch eingestellt und romantisch. Sein Hunger nach Abenteuern kann so stark sein, daß er sich auf viele Risiken einläßt, um seine Wünsche zu erfüllen, bekannt zu sein, beruflich als besonders gut angesehen zu werden und einem ausgelassenen Leben nachzugehen. Konflikte im persönlichen und beruflichen Leben sind die notwendige Folge. Seine sexuellen Beziehungen pflegt er mit Personen innerhalb und außerhalb seiner Gemeinde. Religiöse Überzeugungen und Praktiken, Rituale und Riten werden von dem falschen Liebhaber eher zwanghaft gepflegt mit der Absicht, andere davon zu überzeugen, daß er Gott nahe und deshalb der gewünschten Bewunderung und des erwarteten Vertrauens würdig ist.

Es ist offensichtlich, daß bei dieser Personengruppe eine starke psychische Störung vorliegt. Häufig liegt auch eine sexuelle Störung im Sinne eines sexuellen Suchtverhaltens oder einer Neigung zu sexuellem Mißbrauch vor. Bei manchen ist auch eine Zwangsstörung nachweisbar. Irons und Roberts plädieren in ihrem Falle für die Einbeziehung von Suchtberatern in die Behandlung, da die Fähigkeit der „falschen Liebhaber", sich selbst kontrollieren zu können, erheblich beeinträchtigt ist. Wird ihr Verhalten entdeckt, befinden sie sich in der Regel in einem Zustand, der es nicht länger erlaubt, sie im Dienst zu belassen. Sie bedürfen, so Irons und Roberts, einer intensiven psychotherapeutischen Gruppen- und Einzelbehandlung. Da sie ganz stark in die Abwehr gehen und zunächst wenig einsichtig sind bezüglich der Untragbarkeit ihres Verhaltens, ist in ihrem Fall ein konfrontierender Behandlungsstil angezeigt. Eine rigorose Ehrlichkeit und die Bereitschaft zu einem inneren Wachstums- und Veränderungsprozeß ist Voraussetzung, um diese Abwehr und Verneinung zu überwinden. Ein therapeutisches Ziel bei ihnen ist, zunehmend fähiger zu werden, sich in die Situation der Menschen einfühlen zu können, die sie durch ihr Verhalten mißbraucht und verletzt haben. Eine berufliche Rehabilitierung mag im Einzelfall nach einer ausreichenden Therapie möglich sein. Dafür ist aber oft erst eine substantielle persönliche Veränderung und ein echtes spirituelles Erwachen Voraussetzung. Andere werden sich zwar auf eine Behandlung einlassen und eher oberflächlich ein Bedauern über ihr Verhalten zum Ausdruck bringen mit der Bereitschaft, sich zu ändern, ohne daß das tatsächlich zu einer echten Veränderung führt. In diesem Fall ist die Rückkehr in den Beruf schwierig und unter Umständen auch gefährlich. Nur wenn die Therapie günstig verläuft und der betreffende Seelsorger weiterhin in ein umfangreiches Kontroll- und Beratungssystem eingebunden ist, kann, so Richard Irons und Katherine Roberts (1995,46f.), der Versuch unternommen werden, ihn wieder für den seelsorglichen Dienst zuzulassen.

Der dunkle König

Der Typ des dunklen Königs nutzt seine Vorrangstellung als kirchlicher Helfer, um daraus persönlichen Gewinn zu schlagen und sein eigenes Ego zu steigern. Er kennt gute Umgangsformen, vermag sich gut auszudrücken und erscheint nach außen hin als charmant und charismatisch. Er versteht es gut, durch Argumente und Rationalisierungen andere von seinen besonderen Fähigkeiten zu überzeugen. Er wird geradezu getrieben von seinem Größenwahn und seinem krankhaften Bedürfnis, über andere Kontrolle zu haben. Wird er mit seinem Verhalten konfrontiert und bloßgestellt, wird er das einem nie verzeihen. Zunächst ist er sehr erfolgreich und genießt großes Ansehen. Mit der Zeit wird er zunehmend überlegener, verschlagener und manipulierender. Andere sexuell auszunützen ist für ihn Ausdruck von Macht und Dominanz. Seine Opfer wählt er sorgfältig aus, so daß sie seinen sexuellen Interessen entsprechen. Mit seinem Verhalten konfrontiert, wird er viel Mühe darauf verwenden, seine Unschuld zu beweisen. Er wird den Spieß herumdrehen und anderen vorwerfen, ihm etwas zu unterstellen. Spirituell ist dieser Mensch oft von einem strengen, unberechenbaren Gottesbild geprägt.

Beim Typ des dunklen Königs liegen in der Regel schwerwiegende psychische Störungen vor, etwa eine narzißtische, schizoide oder Borderline Persönlichkeitsstörung. Das Erstaunliche ist, daß bei diesen Menschen zur gleichen Zeit oft eine außerordentlich hohe intellektuelle Fähigkeit vorhanden ist. Sie liefern den Stoff, so Irons und Roberts, für Romane über Priester und kirchliche Mitarbeiter, die sexuell übergriffig werden. Liegt bei ihnen auch eine sexuelle Störung im Sinne einer Paraphilie bzw. eine sexuelle Perversion vor, ist eine Behandlung schwierig. Suchtverhalten ist bei ihnen eher ungewöhnlich. Da sie im Rahmen ihrer professionellen Tätigkeit offensichtlich ein Risiko darstellen, ist eine Suspendierung vom Dienst in der Regel angezeigt. In ihrem Fall spielen strafrechtliche Maßnahmen häufig auch eine Rolle. Eine Rückkehr in den seelsorglichen Dienst ist bei ihnen normalerweise nicht mehr möglich. Eine therapeutische Behandlung ist oft erst dann angebracht, wenn sie ihren Dienst quittiert bzw. ihr Amt aufgegeben haben.

Die wilde Katze

Der Typ der wilden Katze zeigt als Seelsorger schwere Störungen im sozialen Verhalten. Seine Urteilsfähigkeit und seine Fähigkeit, professionelle Grenzen einhalten zu können, sind zum Teil stark eingeschränkt. Zu sexuellen Übergriffen kommt es vor allem dann, wenn dieser Seelsorger oder kirchliche Mitarbeiter enthemmt ist oder sonst nicht in der Lage ist, seine Impulse kontrollieren zu können. Nicht selten liegt bei diesem Typ von Helfer auch eine nicht näher zu bezeichnende psychotische Störung vor. Nach außen hin mag dieser Seelsorger den Schein aufrechterhalten können, tief religiös zu sein. Seine Spiritualität mag darunter für ihn tatsächlich echt sein. Die Sprache seines Glaubens wirkt aber, wenn die psychische Störung aktiv ist, ebenso verzerrt wie seine sonstige Gedankenwelt. Stark ausgeprägte Depressionen und psychotische Züge können weitere Kennzeichen sein. Typisch ist seine Unberechenbarkeit, das heißt, die Gefahr, plötzlich sexuell übergriffig zu werden, ist bei ihm ständig gegeben.

In diesem Fall ist in der Regel eine psychiatrische Behandlung angezeigt. Irons und Roberts plädieren dafür, eine ausgiebige Diagnose zu erstellen und dabei zu prüfen, inwieweit neben Therapie auch die Behandlung mit Medikamenten notwendig ist. Die Frage, ob eine solche Person, die natürlich zunächst vom Dienst suspendiert werden muß, wieder in eine seelsorgliche Tätigkeit zurückgehen kann, muß ihrer Ansicht nach sehr sorgfältig abgewogen werden. Wenn eine Therapie erfolgreich abgeschlossen worden ist und eine stützende Begleitung unter Umständen in Kombination mit weiterer Medikamentierung gewährleistet ist, kann, so Irons und Roberts, eine begrenzte seelsorgliche Tätigkeit in Einzelfällen möglich sein.

Spirituelle Begleitung

Neben der psychotherapeutischen Behandlung ist nach Auffassung dieser Autoren bei kirchlichen Mitarbeitern und Mitarbeiterinnen, die wegen ihrer eigenen Verwundung sexuell übergriffig werden, eine spirituelle Begleitung wichtig, die zum Ziel hat, Vergebung für ihr Verhalten zu erbitten und diese anzunehmen. Dieser Weg der Versöhnung soll, so Irons und Roberts weiter, mit einer klaren Bestandsaufnahme des gegenwärtigen spirituellen Entwicklungsstandes beginnen. Die Begleitung soll dazu beitragen, die Beziehung zu Gott zu beleben, indem Glauben und Hoffnung wieder als heilende Dimensionen im eigenen Leben erfahren werden. Viele können nicht mehr glauben, von Gott angenommen und geliebt zu sein. Sie fühlen sich von ihm im Stich gelassen und haben keine persönliche Beziehung zu ihm.
Zunächst geht der übergriffig gewordene Seelsorger in der Regel in die Abwehr, bis er schließlich zu seiner Schuld und zu seinem Ärger steht. Seine Abwehr kehrt sich um in Bedauern, das zu einem spirituellen Erwachen führen kann. Das Zulassen von Schuld und Ärger ist für den heilenden Prozeß sehr hilfreich. Bekommt ein kirchlicher Mitarbeiter, der sexuell übergriffig geworden ist, ein

Verständnis dafür, daß Schuld nicht notwendigerweise Zurückweisung und Verdammung meint, sondern – wenn er zu ihr steht – eine Möglichkeit darstellt, wieder ganz zu werden, kann ihn das in seinem Heilungsprozeß nach vorne bringen. Die Schuld verliert dann ihr Schatten-Dasein und wird ins Licht gestellt.

Auch das Zulassen von Ärger kann einen wichtigen Schritt zur Heilung bedeuten. Es geht dabei darum, ein positives Verständnis für seine Wut zu entwickeln. Der Ärger soll dazu dienen, das von Gott gegebene Leben und die von Gott geschenkte Würde zu verteidigen und zu beschützen. Für kirchliche Mitarbeiter, die übergriffig werden und die als Kinder selbst erfahren haben, daß andere ihnen gegenüber Grenzen überschritten haben, ist es wichtig, mit den Wurzeln ihrer Frustration in Kontakt zu kommen. Manche werden dann merken, daß ihr Ärger sich zum einen auf den Mißbrauch bezieht, der an ihnen vollzogen wurde, und zum anderen mit den unrealistischen Erwartungen zu tun hat, die sie mit ihrer Berufsentscheidung verbunden haben.

Für Menschen, die gegenüber anderen übergriffig geworden sind, ist es, so Irons und Roberts, wichtig zu erfahren, daß sie auch in ihrer Gebrochenheit grundsätzlich angenommen sind, was nicht heißt, daß ihr Verhalten akzeptiert wird. Diese grundsätzliche Annahme, die sich auch im Verzeihen des Vergehens zeigt, geht mit der Erwartung einher, daß sie in Zunkunft ein solches Verhalten nicht wiederholen. Das aber heißt auch, daß sie mit ihrem Verhalten konfrontiert werden. Sie müssen sich mit den Konsequenzen ihres Verhaltens auseinandersetzen und zunehmend fähig werden, ihr Verhalten zu bedauern, tief in sich den Schmerz zu spüren, den sie durch ihr Verhalten anderen zugefügt haben, um schließlich Vergebung bei sich selbst und für sich selbst zu erfahren und diese dann auch gegenüber anderen zuzulassen.

TEIL II

1. KAPITEL
DIE FÄHIGKEIT ZUR INTIMITÄT – EINE GRUNDVORAUSSETZUNG FÜR PROFESSIONELLE HELFER UND HELFERINNEN

Die Erkenntnisse, die man im Zusammenhang mit sexuellen Übergriffen im seelsorglichen Bereich gewinnt, schärfen den Blick dafür, wie wichtig es ist, in der Ausbildung zukünftiger Berater, Seelsorger, geistlicher Begleiter dafür Sorge zu tragen, daß die angehenden Helfer und Helferinnen sich den notwendigen psychischen Entwicklungsschritten stellen und diese nicht übergehen oder abkürzen. Das trifft in besonderer Weise auch für die psychosexuelle Entwicklung zu, da Eros und Sexualität bei der Übertragung und Gegenübertragung in einer helfenden Beziehung eine große Bedeutung einnehmen und eine Dynamik entfachen können, die man nicht unterschätzen darf. Der Helfer muß ein natürliches Verhältnis zur eigenen Sexualität haben. Soll in einer helfenden Begegnung Heilung möglich werden, muß in der ratsuchenden Person (neu) die Liebe entfacht werden, durch die – so Sigmund Freud – Heilung geschieht. Liebe aber läßt sich nicht durch Trockenübungen entfachen. Sie wird wachgerufen und entflammt, wenn sie sich angezogen fühlt. „Bist mit dem Teufel du und du und willst dich vor der Flamme scheuen“, schreibt Sigmund Freud, Goethe zitierend, an C.G. Jung in einem Brief, in dem er Jung auf die Gefahr hinweist, die es mit sich bringt, wenn man sich als Analytiker als ganze Person auf die ratsuchende Person einläßt. Der Helfer kann einer solchen Gefahr nicht ausweichen. Er muß um sie wissen, mit ihr rechnen und sich dafür wappnen, damit er dieser Gefahr nicht erliegt. Diese Voraussetzung ist bei Männern und Frauen, die beratende Berufe ausüben, oft nicht gegeben.

Das bezieht sich zum einen auf die Ausbildung, die oft nicht angemessen und deutlich genug auf diese Seiten seelsorglicher und begleiterischer Kompetenz eingeht, das bezieht sich vor allem aber auf die persönliche Reife der einzelnen Personen, die andere Menschen begleiten. Ein Berater kann sich aber nur dann auf die Flammen der Liebe einlassen, wenn er um sich weiß, sich kennt, einschließlich seiner Sexualität und seiner Leidenschaft. Wenn das nicht der Fall ist, läuft er Gefahr, mit dem Feuer zu spielen.
Die folgenden Ausführungen zum Thema Identität und Intimität machen deutlich, daß Menschen, die von Berufs wegen sich als Helfer und Helferinnen auf tiefere Beziehungen zu anderen Personen einlassen, beziehungs- und intimitätsfähig sein müssen. Sie müssen sich auf Nähe einlassen und sie müssen sich abgrenzen können. Diese Fähigkeit zur Intimität ist für sie eine unabkömmliche Grundvoraussetzung. Man erlangt sie unter anderem, wenn man sich den normalen Entwicklungsprozessen einschließlich der psychosexuellen Entwicklung stellt.
Da sich dieses Buch vorwiegend an Männer und Frauen wendet, die im kirchlichen Kontext arbeiten, und da unter den kirchlichen Helfern viele Personen anzutreffen sind, die ehelos leben, wird immer wieder auch auf ihre Situation eingegangen.
Über das bloße Informieren hinaus sollen die Leser und Leserinnen auch zu einer persönlichen Auseinandersetzung mit den angesprochenen Themen angeregt werden. Dies sollen die Fragen ermöglichen, die am Ende eines jeden Kapitels dazu einladen, innezuhalten und bei sich zu schauen, inwieweit das Gesagte etwas mit dem eigenen Leben zu tun hat.

2. KAPITEL
POSITIVE EINSTELLUNG ZU EINER NATÜRLICHEN SEXUELLEN ENTWICKLUNG

1. Annäherungen

Welche Gefühle verbinde ich mit Sexualität?

Bei jedem von uns werden sich bei dem Wort Sexualität oder beim Nachdenken über Sexualität ganz unterschiedliche Gefühle einstellen. Ich spreche bewußt von *Gefühlen*, da wir auf der Gefühlsebene in der Regel schneller, vor allem aber echter reagieren, als das für unsere Überlegungen oder Bewertungen über Sexualität der Fall ist.

Bei dem einen mögen es vor allem positive, schöne, frohmachende Gefühle sein, die sich einstellen, wenn er an Sexualität denkt. Bei einem anderen sind es vielleicht vorwiegend negative, mit Angst verbundene Gefühle, die sich melden. Es können also Gefühle sein, die man mit etwas Schönem, Wunderbarem, Lustvollem verbindet, oder aber Gefühle, die Sexualität mit etwas Schmutzigem, Schmerzvollem, Ekelhaftem verbinden. Es können Gefühle sein, die bestärkend wirken, uns mit unserer Energie in Kontakt bringen, oder Gefühle, die uns einschnüren oder uns mit einer tiefen Wunde in Berührung bringen, etwa, wenn jemand als Kind oder Jugendlicher sexuell mißbraucht worden ist.

> *Verweilen Sie für einen Augenblick, um mit sich in Kontakt zu kommen und zu spüren, welche Gefühle sich bei Ihnen melden, wenn Sie das Wort „Sexualität" auf sich wirken lassen. Lassen Sie alle Gefühle zu, die sich dabei einstellen, unabhängig davon, ob es sich dabei um angenehme oder unangenehme Gefühle handelt. Sagen Sie zu sich: Ich bin bereit,*

alle Gefühle zuzulassen, die sich bei mir einstellen, wenn ich das Wort „Sexualität" auf mich wirken lasse.

Die Gefühle, die sich bei uns einstellen, wenn wir an Sexualität denken, haben einen Einfluß auf die Art und Weise, wie wir mit unserer Sexualität umgehen und welche Gefühle wir insgesamt uns gegenüber empfinden und zulassen. Verbinden wir mit Sexualität etwas Lustvolles und Schönes, etwas, was selbstverständlich zu uns gehört, dann wird sich eine solche Einstellung auch entsprechend positiv und angenehm gegenüber unserer Sexualität und unserer ganzen Person auswirken. Verbinden wir dagegen mit Sexualität etwas Verbotenes und Schuldbeladenes, etwas, was sich nicht gehört, dann wird eine solche Einstellung sich entsprechend negativ und unangenehm auf unser Leben und die Gestaltung unserer Sexualität auswirken.

Welche Einstellung und welches Verhältnis habe ich zu meiner Sexualität?

Hier geht es darum, herauszufinden, welches Verhältnis wir zu unserer Sexualität haben. Ist es beispielsweise ein Verhältnis, das von Offenheit, Interesse, Neugierde charakterisiert ist, oder ist unser Verhältnis zur Sexualität von Ablehnung oder Verdrängung gekennzeichnet?

Verweilen Sie auch bei dieser Fragestellung für einen Moment und überlegen Sie sich, wie Sie zu Ihrer Sexualität stehen. Wie stehe ich zu meiner Sexualität? Bin ich an ihr interessiert, offen für sie? Verschließe ich mich ihr gegenüber, gehe ich ihr aus dem Weg? Habe ich ein positives Verhältnis oder eher ein negatives Verhältnis zu meiner Sexualität?

Wie wirken sich meine sexuellen Erfahrungen auf mein Verhältnis zu meiner Sexualität aus?

Die Gefühle, die sich bei uns einstellen, wenn wir uns auf das Thema Sexualität einlassen, und die Einstellung und das Verhältnis, das wir gegenüber unserer Sexualität haben, sind geprägt und eingefärbt von den Erfahrungen, die wir in unserem bisherigen Leben mit unserer Sexualität gemacht haben. Sie sind mitbeeinflußt von der Atmosphäre, die wir erlebt und erfahren haben, wenn es um etwas Sexuelles ging, etwa der Art und Weise, wie über Sexualität gesprochen wurde oder wie man auf Sexuelles und sexuelles Verhalten reagierte. Unsere Gefühle gegenüber der Sexualität und unser Verhältnis zu ihr sind weiter bestimmt von den ganz konkreten Erfahrungen, die wir in unserem Leben mit unserer Sexualität gemacht haben, z.B. Doktorspielen, Erfahrungen im Zusammenhang mit Selbstbefriedigung, sexuellen Kontakten mit anderen usw.

> *Verweilen Sie für einen Augenblick und gehen Sie der Frage nach, welche Erfahrungen Sie in Ihrem bisherigen Leben mit Ihrer Sexualität gemacht haben? Welche Situationen, Begebenheiten, Begegnungen fallen Ihnen ein? Gehen Sie dabei von dem aus, was Sie unter Sexualität verstehen. Lassen Sie alles zu, was sich auf diese Fragen an Erfahrungen, Erinnerungen, Begebenheiten einstellt.*

2. Die Sexualität – ein Element des Lebensstromes

Die Sexualität ist ein Element unter vielen Elementen des Lebensstromes, der für ein Bild des Menschen mit seinen vielfältigen Ausfaltungen stehen kann. Das aber heißt, daß die Sexualität nicht isoliert von diesem Lebens-Strom betrachtet werden kann.
Damit dieser Lebensstrom in Fluß bleibt, ist es wichtig, daß sich im

Laufe unserer Entwicklung das entwickeln, das fließen kann, was im jeweiligen Lebensalter einer Person ansteht. Das gilt für unsere intellektuellen Fähigkeiten, unsere motorischen Möglichkeiten und unsere emotionalen und da auch sexuellen Entwicklungen. Zunächst ist es das Ziel einer gesunden gesamtmenschlichen Entwicklung, daß die jeweils anstehenden Entwicklungsprozesse einfach ablaufen dürfen und nicht gebremst oder in eine Richtung gebracht werden, die diesen normalen Entwicklungs- und Entfaltungsprozeß beeinträchtigen. Eine gefühlsmäßig negative Einfärbung der Sexualität etwa würde nicht nur den normalen Entwicklungsprozeß unserer Sexualität, sondern den der ganzen Person beeinträchtigen.

Sobald z.B. Kleinkinder beginnen, ihren Körper zu erforschen, werden sie früher oder später merken, daß ihre Genitalien zu einer Quelle von Vergnügen und Lust werden können. Wir können in dieser frühen Entwicklungsphase zwar, so Udo Rauchfleisch (1986,33), „noch nicht von einer Selbstbefriedigung im üblichen Sinne sprechen, da es sich zum einen noch nicht um eine sexuelle Äußerungsform im Sinne der erwachsenen Sexualität handelt und da solche Manipulationen zum anderen beim Kleinkind noch keinen Orgasmus zur Folge haben. Dennoch ist es durchaus berechtigt, von onanie-*ähnlichen* Manipulationen zu sprechen, da diese vom Kind offensichtlich lustvoll erlebt werden." Die „Selbstbefriedigung" kann in dieser Lebensphase Teil der allmählichen Erforschung und Erfahrung des Körpers und des spielerischen Umgangs mit ihm sein. Nach dem zehnten Lebensjahr wird bei vielen die Selbstbefriedigung als eine Möglichkeit entdeckt, mit der sexuellen Spannung zurechtzukommen. Nach der Auffassung des Psychoanalytikers Fenichel und anderer Psychologen ist die Selbstbefriedigung in dieser Lebensphase normal. Sie dient ihrer Ansicht nach vornehmlich der sexuellen Entspannung. Ist zu dieser Zeit überhaupt keine Neigung festzustellen, die sexuelle Spannung durch Selbstbefriedigung aufzulösen, kann, so Fenichel, davon ausgegangen werden, daß bereits eine starke Unterdrückung des Verlangens nach sexueller Entspannung stattgefunden hat. Wird in dieser Phase die Selbstbefriedigung insgesamt verboten, kann das dazu beitragen, daß Kinder und Jugendliche in einen Zustand der Spannung versetzt werden, der für sie nur sehr schwer auszuhalten ist. Sie mögen darüber hinaus bei sich die Vorstellung entwickeln, daß sexuelle Dinge an sich schlecht und gefährlich sind.

Wird dagegen die Onanie bei Jugendlichen im Sinne von Fenichel gesehen, dann „liegt es auf der Hand“, so Udo Rauchfleisch (1986, 34), „daß wir von psychoanalytischer Seite in dem Phänomen der Selbstbefriedigung nichts Pathologisches sehen, sondern sie als etwas völlig Normales betrachten. Sie tritt phasenspezifisch, z.B. in der Pubertät, regelhaft auf.“ Die Beschreibung „regelhaft“ soll, so Udo Rauchfleisch weiter, „darauf hinweisen, daß die Selbstbefriedigung ein Verhalten darstellt, das zur Pubertät gehört und eine wichtige Rolle spielt im Prozeß der Auseinandersetzung des Jugendlichen mit dem eigenen Körper und seinen Funktionen.“

Weiter meint Udo Rauchfleisch: „Wir können aus psychoanalytischer Sicht – auch wenn das recht provokativ klingt – sagen, daß ein völliges Fehlen jeglicher masturbatorischen Aktivität in der Entwicklung eines Menschen nicht nur ungewöhnlich, sondern sogar häufig auch Zeichen einer psychischen Störung ist. Eine solche These könnte leicht in einem hedonistischen Sinne mißverstanden werden und deshalb auf Ablehnung stoßen. Dennoch ist das Fehlen jeglicher Selbstbefriedigung (wenn eine solche tatsächlich nie stattgefunden hat und nicht nur der Verdrängung anheimgefallen ist) insofern ein auffälliges Phänomen, als es sich nach unserer klinisch-psychoanalytischen Erfahrung häufig bei Menschen findet, die psychische Fehlentwicklungen durchgemacht haben. Nach meiner Beobachtung sind es entweder Menschen, die sich selber gegenüber außerordentlich ablehnend sind und bei denen sich in der Versagung von Selbstbefriedigungswünschen ihre generelle Haltung manifestiert, sich in keinem Bereich ihres Lebens etwas ‚Gutes‘ zu gönnen ... In engem Zusammenhang mit einer solchen Ablehnung der eigenen Person steht die Beobachtung, daß Menschen, die glaubhaft versichern, daß in ihrem Leben niemals Selbstbefriedigung eine Rolle gespielt habe, als Kinder häufig einer sehr repressiven Umgebung ausgesetzt waren."

3. Negative Auswirkungen unterentwickelter oder unterdrückter Sexualität auf das gesamte Seelenleben

Der Bereich der Sexualität ist dabei, so Udo Rauchfleisch, nur ein Beispiel für die gesamte Erziehungshaltung, die Lustäußerung jeglicher Art und eine positive „liebevolle" Einstellung zur eigenen Person ablehnt. Die Ablehnung der Onanie steht als ein Teil für Behinderungen im gesamten Seelenleben. Es ist insofern nicht verwunderlich, daß solche Menschen häufig auch in Partnerschaften große Probleme haben.

Diese Beobachtungen des Psychoanalytikers Udo Rauchfleisch werden durch andere Aussagen bestätigt. So stellt Patrick Carnes (1992,112) fest: „Kinder aus rigiden und repressiven Familien sind primäre Kandidaten für die Entwicklung einer tiefsitzenden Scham in bezug auf sich und ihre Sexualität." Nach seinen Untersuchungsergebnissen ist für rigide Familien typisch, daß die Sexualität in jeder Form extrem verurteilt und mißbilligt wird. Das heißt, den Kindern in solchen Familien werden allgemein unrealistische Erwartungen über Sexualität vermittelt, und die Eltern zeigen ein besonders verurteilendes und rigides Verhalten in bezug auf Sexualität. Folgende Beispiele führt Patrick Carnes an:

Daniel, ein 43jähriger Sozialarbeiter, erzählt: „Sex galt als etwas sehr Gefährliches. Mein Vater war ein Geistlicher, der beim Unterricht mit jungen Leuten Sexualität gern mit Starkstrom verglich – etwas, was man mit Distanz und sehr vorsichtig handhaben mußte."

Mona, eine 30jährige Studentin, berichtet: „Ich wuchs in einer sehr repressiven Familie auf. Meine Mutter war Alkoholikerin, mein Vater sehr leistungsorientiert. Ich glaube, meine Eltern waren beide sex- und liebessüchtig. Sie haben geheiratet, um sich gegenseitig zu halten und von der Straße wegzuholen … Über Sex wurde nie gesprochen. Meine Eltern taten oft so, als fänden sie das ganze Thema ziemlich abstoßend. Sie schliefen immer bei offener Tür. Meine Schwester erzählte mir, wir seien durch künstliche Besamung gezeugt worden, und ich glaubte ihr, denn die Atmosphäre zu Hause war so, daß mir das total logisch erschien, und wenn es nicht stimmte, kann ich mir zumindest vorstellen, daß meine Eltern wollten, daß wir das glaubten. Ich glaubte das also, bis ich das Haus verließ, um aufs Gymnasium zu gehen. Meine beiden Schwestern sind magersüchtig gewesen. Meine ältere Schwester ist immer noch selbstmordgefährdet."

Die Beispiele deuten an, wie sehr eine Blockierung der sexuellen Entwicklung, negative Auswirkungen auf das gesamte Seelenleben haben kann.

4. Förderung einer gesunden Einstellung zur Sexualität durch die Ermöglichung einer normalen Entwicklung der Sexualität

Auf diesem Hintergrund wird deutlich, wie wichtig eine gesunde Einstellung zu unserer Sexualität und eine normale Entwicklung unserer Sexualität im Gesamt der menschlichen Entwicklung ist. Das heißt u.a. auch, Kindern und Jugendlichen einen Schutzraum zu gewährleisten, in dem eine normale sexuelle Entwicklung mit einer großen Selbstverständlichkeit stattfinden kann. Kinder bzw. Jugendliche müssen Gelegenheit haben, auf eine angemessene, vor allem aber auf *ihre* Weise mit den sich anbahnenden neuen sexuellen Entwicklungen vertraut zu werden, ihre Bekanntschaft zu machen und sie entsprechend zu begrüßen. Die Erwachsenen sollten in einer offenen, bejahenden und positiven Einstellung auf diese Entwicklungen reagieren.

Geht man bei der Entwicklung eines Menschen von dem Bild eines fließenden Stromes aus, von dem die Sexualität ein Element ist, wird deutlich, wie wichtig es ist, diesen Strom zunächst einfach fließen zu lassen, einschließlich dessen, was in diesem Lebensstrom für die Sexualität steht. Denn für die Sexualität ist es wie für die anderen Bereiche, die zu unserem Leben bzw. zu unserem Lebensstrom gehören, entscheidend, daß sie fließen und im Fließen sich weiterentwickeln können. Die Sexualität muß immer wieder auf den „gleichen Stand" gebracht werden wie z.B. unser Intellekt, unsere Motorik und die spirituelle, emotionale und psychische Seite in uns.

Im Zusammenhang mit dem Thema sexueller Mißbrauch Minderjähriger durch Erwachsene wird immer wieder darauf hingewiesen, daß bei manchen Personen, die Minderjährige sexuell mißbrauchen, die sexuelle Entwicklung im Alter von 12 bis 14 Jahren stehengeblieben ist. Ein Grund dafür kann sein, daß bei diesen Personen in dieser Phase ihres Lebens die normale psychosexuelle Entwicklung, aus welchen Gründen auch immer, einen Knick bekommen hat. Das Ergebnis kann dann sein, daß Männer und Frauen mit 40, 50 oder 60 Lebensjahren, bezogen auf ihre sexuelle Reife, auf der Entwicklungsstufe von 12- bis 14jährigen stehengeblieben sind und sexuell das praktizieren, was in dieser Phase normal sein kann. So können homosexuelle Praktiken in der Pubertät, wie gegenseitiges Selbstbefriedigen, Ausdruck einer normalen sexuellen Entwicklungsphase sein, bei der es vornehmlich darum geht, die wachgewordene Sexualität zu entdecken und auszuprobieren. Doch besteht ein erheblicher Unterschied darin, ob jemand im Laufe seiner Entwicklung eine solche Phase durchmacht oder ob er für den Rest seines Lebens in dieser Phase hängenbleibt.

Das heißt natürlich nicht, daß jeder, bei dem in diesem Alter die psychosexuelle Entwicklung stehenbleibt, zum Kindesmißhandler wird. Bei anderen mag das dazu führen, daß sie alles, was für sie in irgendeiner Weise mit Sexualität zu tun hat, nicht länger beachten, auf die Seite schieben, unterdrücken. Das kann zur Folge haben, daß für sie der ganze Bereich der Sexualität zunehmend im Dunkeln bleibt. Die Sexualität wird dann wie das Negativ eines Films, das nicht entwickelt wird, unentwickelt bleiben. Dieses Negativ wird zum Leben erweckt und ist in seinem ganzen Ausmaß erkennbar, wenn es entwickelt worden ist. Das Gleiche gilt für die Sexualität. Sie kann nur dann in ihrer ganzen Bedeutung für die Entwicklung und das Menschsein einer Person zum Zuge und Ausdruck kommen, wenn sie entwickelt wird. Erst, wenn unsere Sexualität sich entwickeln kann, können wir auch mit ihr umgehen. Wir können ihr dann ins Auge schauen, können zunehmend spüren und erfahren, mit wem wir es da zu tun haben, welche Kraft und Macht in unserer Sexualität steckt.

Das erinnert mich an einen Traum von C.G. Jung, als er knapp 20 Jahre alt war. „Jung befindet sich nachts außer Haus und gerät bei dichtem Nebel in einen heftigen Sturm. In seinen Händen hält er ein kleines Licht, das jeden Augenblick zu erlöschen droht. Er bemerkt plötzlich, daß jemand ihn verfolgt: ‚Ich schaute zurück und sah eine riesengroße schwarze Gestalt, die hinter mir herkam.' Im Traum nahm Jung allen Mut zusammen, sein kleines Licht zu retten, denn er war sich gewiß, daß dies seine Aufgabe war. In der Deutung Jungs ist das kleine Licht sein Bewußtsein. Es war unendlich klein und zerbrechlich; aber es ist der größte Schatz, den er besitzt. Die ihn bedrohende Riesengestalt wird nun jedoch in überraschender Weise umgewandelt und zurückgenommen: aus ihr wird, unerwartet, der eigene Schatten, der durch das Licht, das Jung vor sich herträgt, verursacht ist" (Höfer 1993,122).

Dieser Schatten, der uns verfolgt, kann auch ein Bild für unsere Sexualität sein. Es ist das Bild einer mächtigen Kraft, die uns beeinflußt und die uns ängstigt. Das gilt vor allem dann, wenn diese Kraft im Dunkeln bleibt, wenn wir uns ihr nicht stellen. Dabei gilt es, sich mit diesem Schatten zu vereinigen, ihn in sich zu integrieren. Das aber kann nur geschehen, wenn wir diesen Schatten als einen Teil von uns betrachten. Das geschieht im Traum von C.G. Jung. Die bedrohlich wirkende schwarze Riesengestalt wird in den eigenen Schatten umgewandelt und damit zu etwas, was zu ihm gehört. Schließlich ist es wichtig, daß diese Schattenseite, die Jung als einen „schlechten Kerl, einen ganz armen Menschen" bezeichnet, angenommen wird.

Übertragen auf unsere Sexualität heißt das: Wir dürfen unsere Sexualität nicht unbeleuchtet lassen, sondern müssen sie entwickeln und als selbstverständlichen Teil von uns sehen, den wir schätzen. Wir müssen uns mit unserer Sexualität versöhnen, mit dieser starken Kraft in uns eine gute Beziehung aufnehmen. Wir dürfen sie nicht von uns abspalten, sondern müssen sie ganz und gar in uns integrieren.

Auch die Entscheidung oder das Vorhaben, ehelos zu leben, darf nicht dazu führen, daß beim Thema Sexualität plötzlich ein Stoppzeichen in uns aufleuchtet. Geschieht das, mag das auf eine verzerrte Vorstellung von Ehelosigkeit zurückzuführen sein. Ehelos leben kann nicht heißen, die normale sexuelle Entwicklung zu unterbinden oder abzukürzen. Ehelos leben kann u.a. heißen, auf die gelebte genitale Sexualität zu verzichten. Wie kann man aber auf etwas verzichten, was man im Grunde genommen gar nicht „besitzt" bzw. noch nicht erreicht hat? Ehelos leben kann nicht meinen, etwas, was in einem angelegt ist, überhaupt nicht zum Zuge kommen zu lassen oder zu verstümmeln. Die Sexualität, die ein selbstverständlicher Teil einer Person ist, gilt es für das Leben und da auch für das ehelose Leben nutzbar und fruchtbar zu machen.

- *Wie schätze ich meine sexuelle Entwicklung ein? Hat sie selbstverständlich, normal verlaufen können? Wurde meine sexuelle Entwicklung beeinträchtigt oder unterbrochen, wenn ja, wodurch? Welche Auswirkungen hat das auf meine Sexualität und mein Leben überhaupt?*
- *Inwieweit bin ich mit meiner Sexualität in Berührung? Inwieweit kenne ich meine Sexualität? Weiß ich um ihre Kraft und Macht?*

- *Erlebe ich die Sexualität als eine Seite in mir, die schlecht oder minderwertig ist, oder habe ich ein positives, bejahendes Verhältnis zu meiner Sexualität? Wenn ich ein negatives Verhältnis zu ihr habe, was kann mir helfen, mich mit meiner Sexualität zu versöhnen?*
- *Wie bin ich bisher mit meiner Sexualität und meinem Leben umgegangen? Wie gehe ich jetzt mit meiner Sexualität und mit meinem Leben um? Ziehe ich es einfach vor, nicht darüber nachzudenken, es sei denn, ich muß darüber nachdenken? Ist meine Sexualität nur dann eine Fragestellung, mit der ich mich auseinandersetze, wenn ich mich körperlich von einer anderen Person angezogen fühle oder wenn ich durch eine Person oder durch irgend etwas erregt werde? Inwieweit habe ich mich in den vergangenen Jahren sexuell entwickelt? Bin ich dankbar, daß ich mich nicht länger sexuell „fühle“? Ist alles, was mit Sexualität zu tun hat, bei mir vorbei? Was sagt mir das?*

3. KAPITEL
DIE IDENTITÄTSFINDUNG UND IHRE BEDEUTUNG FÜR DIE INTEGRATION DER SEXUALITÄT

1. Zum Prozess der Identitätsfindung

Im Gesamt unserer psychischen Entwicklung nimmt die sogenannte Identitätsfindung eine wichtige Rolle ein. Es ist jenes Ereignis in unserem Leben, bei dem wir zunehmend deutlich erkennen und spüren, wer wir sind, und einhergehend damit deutlicher für uns herausfinden, was wir wollen. Die Identitätsfindung findet um das 20. Lebensjahr herum statt.

Wer ich bin, kann ich im Grunde genommen erst dann erkennen und erfahren, wenn ich wirklich mit mir Bekanntschaft gemacht habe. Das aber setzt voraus, daß ich in Distanz getreten bin zu den Einflüssen, die mich vorher bestimmt und geprägt haben. Zunächst prägen mich die Einflüsse wichtiger Personen, die mich umgeben, vornehmlich meine Eltern und andere Autoritätspersonen. Ich richte mich aus an diesen Personen und dem, was mir an ihnen gefällt. Ich *identifiziere* mich mit ihnen, ihren Vorstellungen, ihren Wertvorstellungen usw. Dann kommt die Zeit, in der ich aus diesen *Identifikationen* heraustrete und in Ergänzung, manchmal auch in Distanz dazu, zunehmend mit dem in Berührung komme, was mir wichtig ist, was ich glaube, welche Wertvorstellungen ich in mir tragen und pflegen möchte.

Bevor ich soweit bin, erlebe ich in der Regel eine Phase, in der ich Unsicherheit bei mir verspüre und eine Krise erfahre. Man spricht hier von einer *normativen* Krise. Es handelt sich dabei um eine Krise, die selbstverständlich zu unserer Entwicklung gehört, im Unterschied zu einer *akuten* Krise, die durch eine Katastrophe oder eine Verlusterfahrung ausgelöst werden kann.

Es ist ganz normal, daß ich mich in dieser Übergangszeit in einer

Krise befinde, löse ich mich doch von Einflüssen, die mir vorher wichtig waren und die mich auch in einer gewissen Weise getragen haben. Es ist, wie wenn ich mich auf einer Fähre von der einen Seite des Flusses zur anderen Seite bewege und diese Fähre dabei auch stürmischen Winden ausgesetzt ist.

Will ich zu meiner Identität finden, muß ich mich von den Einflüssen lösen, die mich vorher bestimmt und geprägt haben. Erst, wenn ich wirklich zu mir selbst, wenn ich mein eigenes Fundament gefunden habe, kann ich von einer *gelungenen* Identitätsfindung sprechen. Kennzeichen einer gelungenen Identität sind unter anderem solche krisenhaften Erfahrungen, die besagen: Da ist jemand, der hat sich auf die Fähre gewagt, der sicheren Boden hinter sich gelassen hat, um sich zu neuen Ufern aufzumachen. Ein weiteres Kennzeichen gelungener Identitätsfindung ist, daß ich aus einer großen Tiefe heraus in mir spüre, *das bin ich* und einhergehend damit mir zunehmend klarer wird, *das will ich,* um dann auch erste Schritte hin zu Entscheidungen zu wagen, die eine Umsetzung von dem, wer ich bin und was ich will – zum Beispiel bezogen auf meinen Beruf –, darstellen.

Unterbleibt diese krisenhafte Erfahrung und erkläre ich ohne Hinterfragung diese mich prägenden Einflüsse und Identifikationen mit den mir wichtigen Personen zu meiner Identität, besteht die Gefahr, daß es sich dabei um eine *aufgesetzte* Identität handelt. Kennzeichen einer aufgesetzten Identität sind, daß die Hinterfragung des bisher Gültigen und die Krise – es bleibt alles beim alten – wegfallen. Ich treffe weitreichende Entscheidungen auf der Grundlage eines „Fundamentes“, das letztlich nicht meine Basis ist, sondern sich aus den Identifikationen, Erwartungen und Einflüssen der mich bestimmenden Personen zusammensetzt.

Von einem *Moratorium* im Zusammenhang mit der Identitätsfindung spricht man, wenn ich mich augenblicklich in einer Phase der Unentschiedenheit befinde, vielleicht weil ich gerade dabei bin, mich von den Identifikationen und Erwartungen der anderen abzunabeln, aber noch nicht zu meinem eigenen Fundament gefunden habe. Dabei handelt es sich zuweilen um einen natürlichen Prozeß. Erst wenn die Phase des Moratoriums sich sehr lange hinzieht, kann die für diese Phase typische Unsicherheit auch ein Hinweis dafür sein, daß die normale Entwicklung durch irgendeine Störung beeinträchtigt oder behindert wird.

Wenn ich immer in einem Zustand der Ungewißheit verharre, mich nicht auf eine Ablösung von dem Bisherigen und die damit einhergehenden Prozesse einzulassen vermag und auch nicht in der Lage bin, weitreichende Entscheidungen für mein Leben zu treffen, spricht man von *Identitätsverwirrung*.

Eine gelungene Identitätsfindung ist für alle weitreichenden Entscheidungen von eminenter Bedeutung. Hier geht es unter anderem darum, ob zum Beispiel meine Entscheidung zu heiraten, ins Kloster zu gehen, Priester zu werden usw. eine ist, die auf meinem eigenen Entschluß hin getroffen worden ist oder sich lediglich auf den Einfluß meiner Umgebung zurückführen läßt. Soll es sich um Entscheidungen handeln, die tragfähig sind, ist es wichtig, daß sie von mir abgedeckt sind. Ansonsten laufe ich Gefahr, daß ich mir etwas „anziehe", was gar nicht zu mir paßt. Das ist dann mit jener Situation vergleichbar, bei der ich in einem Versandhaus einen Anzug bestelle und trage, unabhängig davon, ob er mir paßt oder nicht.

Bernhard von Clairvaux weist darauf hin, wohin es führen kann, wenn ich Entscheidungen treffe, die nicht auf meinem Fundament ruhen:

Wenn du dich selbst nicht kennst, gleichst du jemandem, der ohne Fundamente eine Ruine statt eines Gebäudes errichtete. Alles, was du außerhalb deiner selbst aufrichtest, wird wie ein Staubhaufen sein, der dem Winde preisgegeben ist. Keiner ist also weise, der nicht über sich selbst Bescheid weiß. Ein Weiser wird in Weisheit über sich selbst Bescheid wissen und trinkt als erster aus dem Quell seines eigenen Wassers.

2. Die sexuelle Identitätsfindung – Wer bin ich sexuell?

Für die Erhellung meiner Identität ist es wichtig, daß ich auch weiß, wer ich bezogen auf meine Sexualität bin. Geschieht das nicht, lasse ich einen entscheidenden Teil von mir im Dunkeln. Das aber hätte entsprechend negative Auswirkungen auf meine Entwicklung. Damit mein Entwicklungsprozeß sich normal entfalten kann, muß ich zunehmend klar die Frage beantworten können: *Wer bin ich sexuell?* Das bin ich auch dem Respekt mir selbst gegenüber schuldig.

Im Zusammenhang mit der Identitätsfindung bin ich bereits auf die unterschiedlichen Verläufe eingegangen, die in diesem Prozeß stattfinden können. Was ich dort sagte, gilt auch für die sexuelle Identitätsfindung. Man kann von einer *gelungenen* Persönlichkeitsentwicklung sprechen, wenn jemand auch sexuell zu der Identität findet, die von seiner ganzen Person her abgedeckt ist. Ein anderer, der nicht wahrhaben will, daß er homosexuell ist, mag sich eine heterosexuelle Identität zulegen. Seine sexuelle Identität ist dann *aufgesetzt.* Wieder ein anderer Mensch verfügt noch nicht über eine endgültige Gewißheit, wer er sexuell ist. Er mag sich in der sogenannten Phase des *Moratoriums* befinden, um schließlich Gewißheit über seine sexuelle Orientierung zu erhalten. Im Unterschied zu jenen, die sich vorübergehend in einer Phase der Unsicherheit befinden, gibt es Personen, die nicht zeitlich begrenzt, sondern sich dauerhaft hinsichtlich ihrer sexuellen Identität unsicher sind. In diesem Falle kann von sexueller *Identitätsverwirrung* gesprochen werden.

Ich muß mich der Beantwortung der Frage: *Wer bin ich sexuell?* auch deshalb stellen, weil von der Beantwortung dieser Frage mit abhängt, wie ich meine Sexualität gestalte. Bin ich heterosexuell, weiß ich, wie wichtig für mich als Mann die Nähe von Frauen sein wird. Bin ich homosexuell, gilt das entsprechend für die Nähe von Männern.

Es hat sich gezeigt, daß unter jenen, die Minderjährige sexuell mißbrauchen, sich oft auch solche Personen befinden, die im Alter von 25 oder selbst von 35 Jahren noch nicht wissen, ob sie homosexuell oder heterosexuell sind. Ein klares Wissen um die eigene sexuelle Identität hilft, um verantwortlich mit der eigenen Sexualität umgehen zu können.

Peter, 22 Jahre alt, wurde von seiner Mutter sexuell mißbraucht. Jetzt ist er Priesteramtskandidat. Seit einem Jahr geht er zur Therapie. Er hatte sich, als er mit dem Studium begann, in einen Mitstudenten verliebt. Er war ihm nachgestiegen. Doch dieser wollte nichts von ihm wissen. Irgendwie kann ich akzeptieren, daß ich homosexuell bin, sagt er, aber nicht endgültig. Er ist besorgt, da er um die Seite in sich weiß, die gegenüber Kindern gewalttätig werden kann, bis dahin, daß er sie sexuell mißbrauchen könnte.Peter spricht schnell, verschluckt die Worte. Manchmal ist er kaum zu verstehen. Er fühlt sich nicht als Mann, sehnt sich danach, Mann zu sein. Mit Hilfe seiner therapeutischen Begleitung hat er manches bei sich entdeckt und integrieren können, was er mit Mann-Sein verbindet. Für Peter wird es wichtig sein, weiter in Therapie zu gehen, um seine traumatischen Erfahrungen aufzuarbeiten, um noch mehr sein „Gewaltpotential" zu beleuchten und zu „besitzen", sich noch zuverlässiger zu befähigen, damit umgehen, es kontrollieren zu können. Weiter muß er dem geistlichen Begleiter seine Situation eröffnen.

Peter ist sensibel, er ist in Berührung mit seinem Problem, er ist besorgt über sein „Gewaltpotential". Er ist kooperativ. Er hat Strategien entwickelt, wie er sich verhalten muß, wenn er sich in Stimmungen befindet, die ihn anfällig für das Ausleben seines „Gewaltpotentials" machen. Er will andere in seine Situation einweihen, will ein Netz von Beziehungen aufbauen, das ihn stützt und hält, wenn er gefährdet ist.

Doch kann Peter zum Priester geweiht werden? Unter denen, die Kinder sexuell mißbrauchen, befinden sich viele, die als Kinder bzw. Jungendliche selbst mißbraucht worden sind. Die immer noch vorhandene Ambivalenz hinsichtlich seiner sexuellen Orientierung kann ein Hinweis für eine mögliche pädophile oder ephebophile Veranlagung sein. Peter sollte vom augenblicklichen Stand seiner Situation her gesehen (noch) nicht zum Priester geweiht werden, wenn er überhaupt je geweiht werden kann. Zunächst muß abgewartet werden, wie sich die Therapie entwickelt, und dafür muß er sich noch Zeit, viel Zeit lassen.

3. Heterosexuell – homosexuell?

Die innere Gewißheit, ob man heterosexuell oder homosexuell ist, ist nicht immer einfach zu erlangen. Träume, Phantasien oder Erfahrungen, bei denen man sich in jemand anderen verliebt, können dabei helfen. Die immer wiederkehrenden Sexualobjekte in den Träumen oder Masturbationsphantasien können wichtige Informationen über die wahre Ausrichtung geben. Manchmal sind es auch ganz konkrete sexuelle Erfahrungen, die bei dieser Klärungssuche helfen können. Das heißt aber nicht, daß das Voraussetzung dafür ist.

- *Erlebe ich mich als vorwiegend heterosexuell oder homosexuell? Wie erfahre ich das? Wie glaube ich das zu wissen? Weiß ich das nur aufgrund eigener Erfahrungen? Oder beruht das lediglich auf einer Phantasievorstellung oder einer Kombination von Erfahrungen und Phantasie?*
- *Welche Personen nehmen bei meinen sexuellen Phantasien, zum Beispiel bei der Selbstbefriedigung, eine zentrale Rolle ein? Sind es Männer oder Frauen? Verliebe ich mich in Männer oder Frauen?*
- *Wie fühle ich mich, wenn die Antwort lautet „homosexuell“, wie, wenn sie lautet „heterosexuell“? Verwirrt mich diese Antwort? Warum? Wie sehr?*

- *Kann ich mit jemand anderem offen darüber sprechen, wenn mich die Antwort, wer ich sexuell bin, verwirrt? Bin ich ehrlich? Habe ich jemals in meinem Leben mit einem anderen Menschen darüber gesprochen?*
- *Wie, glaube ich, beurteilen andere meine sexuelle Orientierung? Glauben andere, daß ich homosexuell, heterosexuell bin?*

Der Prozeß der sexuellen Identitätsfindung ist oft schwierig, weil es dabei um etwas sehr Zentrales in unserem Leben geht. Auch handelt es sich um einen Bereich, dem oft etwas Peinliches anhaftet, der mit Angst verbunden ist und in dem wir uns verletzlich machen können.

Bei homosexuellen Menschen gestaltet sich die Identitätsfindung oft noch schwieriger, weil die damit verbundenen Prozesse nicht selten in einer noch größeren Tabuzone bzw. in einer noch unfreieren Atmosphäre vonstatten gehen müssen, als das ohnehin der Fall ist. Wegen der negativen Beurteilung der Homosexualität kann es sein, daß homosexuelle Menschen einige Jahre länger benötigen, bevor sie zu einer klaren Identität finden. Manche Schwierigkeiten bei der Identitätsfindung als homosexueller Mensch lassen sich auch darauf zurückführen, daß jemand in einer Umgebung aufgewachsen ist, die ihm vermittelte, homosexuelle Gefühle seien falsch. Auch kann es vorkommen, daß jemand seine homosexuelle Orientierung gar nicht bei sich zuläßt, weil er sich ihrer schämen würde. Für die homosexuellen Menschen ist dabei vielfach nicht die Homosexualität an sich ein Problem. Es sind die Ängste, Schuldgefühle und depressiven Gefühle, die durch eine bestimmte Einstellung gegenüber der Homosexualität ausgelöst werden können. Wenn jemand z.B. denkt, homosexuell zu sein, sei etwas Krankes oder etwas Sündhaftes, und damit einhergehend von sich die Meinung hat, krank zu sein, ein Mensch mit einem Manko, mit einem Makel zu sein, dann hat das nicht nur negative Auswirkun-

gen auf seine Sexualität, sondern auch auf die Gesamtbefindlichkeit und die persönliche Entwicklung dieses Menschen.
Zu dem, der ich bin, finde ich, indem ich ausprobiere, wer ich bin. Ich löse mich von Abhängigkeiten, um frei zu sein, ich lasse mich auf Beziehungen ein, um herauszufinden, welche Beziehungen für mich stimmen, ich riskiere es, mich auf neue Verantwortlichkeiten einzulassen, um meine Kompetenz zu testen und zu erweitern. Dieses Verlangen, mich zu erforschen und auszuprobieren, bezieht sich auch auf meine Sexualität. Das Ergebnis dieses Erforschens und Probierens hilft mir, jetzt auch bezogen auf meine Sexualität, klarer für mich herauszufinden, wer ich bin und wer ich nicht bin.
Bei der sexuellen Identität geht es neben der Frage: „Wer bin ich sexuell?“ auch um die Fragestellung: „Wie trete ich als geschlechtliches Wesen in Beziehung zu anderen?“ (vgl. Egan 1980,164) Wir sind immer schon sexuelle Personen und leben diese Sexualität auch in der Beziehung zu anderen. Bei der Identitätsfindung geht es auch darum, unsere Sexualität ganz bewußt als eine Seite von uns zu sehen, die zu uns gehört und die nicht losgelöst, gar abgespalten von uns ein eigenes Leben führt.
Es gibt aber nicht nur *einen* Weg, der zur sexuellen Identität führt. Die Entwicklung hin zur sexuellen Reife und sexuellen Identität wird mit beeinflußt durch unsere bisherige emotionale Entwicklung. Sie wird beeinflußt von der körperlichen Entwicklung, dem entsprechenden familiären, religiösen Hintergrund, den bisher gemachten sexuellen Erfahrungen mit Gleichaltrigen usw.

4. Die Annahme der sexuellen Identität

Hat jemand zu seiner sexuellen Identität gefunden, geht es darum, die gefundene sexuelle Identität anzunehmen. Das gilt auch dann, wenn jemand für sich herausgefunden hat, daß er homosexuell ist. Das gilt gleichermaßen für die Person, die in einer Beziehung leben will, wie für den Mann und die Frau, die ehelos leben wollen.

Die Annahme der homosexuellen Orientierung, und da auch der Gefühle für Menschen des gleichen Geschlechts, ist für den homosexuellen Menschen wichtig. Denn „homosexuelle Gefühle berühren wie heterosexuelle Gefühle den Kern des inneren Lebens eines Menschen, und wer vorgibt, sie nicht zu haben, tut so, als könne er ohne Herz leben“, sagt Henri Nouwen (1971,210). Für den homosexuellen Menschen ist es, so Henri Nouwen weiter, gefährlich, so zu tun, als seien homosexuelle Gefühle weniger menschlich, weniger wirklich oder weniger authentisch als heterosexuelle. „Wenn ein Mann eine starke erotische Zuneigung zu einem anderen Mann empfindet, dann erfährt er ein wirklich tiefes Gefühl, das ihm sehr viel über ihn selbst sagt. Wenn er denkt, spricht oder sich verhält, als ob diese Gefühle nicht da wären, verstümmelt er sein eigenes emotionales Leben.“

Wem es als homosexueller Mensch gelingt, nachdem er zu seiner homosexuellen Orientierung und Identität gefunden hat, sich auch in seinem Homosexuell-Sein anzunehmen, dem eröffnen sich, wie Henri Nouwen sagt, viele Möglichkeiten: „Es ist möglich, eine tiefe persönliche Freundschaft zu entwickeln, die auf einer starken gegenseitigen Anziehung ... gegründet ist. Es ist möglich, in Abstand zu den eigenen Gefühlen zu treten und die eigenen Fragen und Gefühle in ein breiter angelegtes soziales Interesse zu investieren. Es ist möglich, die eigenen Gefühle in ein besonders tiefes und kontemplatives Leben zu integrieren. Es ist möglich, in ihnen den Ruf nach einem zölibatären Leben oder nach einem Leben als Einzellebender zu entdecken, was persönliche Freundschaften zu mehreren Personen einschließt.“

Weiter meint Henri Nouwen (ebd.): „Wenn die sexuellen Gefühle aus der Isolation befreit und in die ganze Person integriert worden sind, können sie ihre verrücktmachende Kraft verlieren, die einen in unpersönliches Verhalten treibt, in ein einsames und verzweifeltes Leben oder in ein Verhalten, das von Manipulation und Prostitution dominiert wird. Das gilt für homosexuelles wie für heterosexuelles Verhalten, und es spricht nichts dafür, daß homosexuelle Gefühle eher zur Perversion neigen als heterosexuelle."

1. Vervollständigen Sie folgende Sätze:
   Wenn es um Sexualität geht, dann ist der Bereich, in dem ich mich am sichersten fühle ...
   Die größten Zweifel, die ich bezogen auf meine Sexualität habe, sind ...
   Die Personen, die sexuell in meinem Leben bisher die größte Rolle gespielt haben, sind ...
   Meine größte Verwirrung bezogen auf meine Sexualität ist ...
2. Wie ist meine Identitätsfindung verlaufen? Welchen Stand habe ich, bezogen auf meine Identitätsfindung, augenblicklich erreicht? Verfüge ich über eine ziemlich klare Vorstellung, ein ziemlich klares Gefühl darüber, wer ich bin, und einhergehend damit, was ich will? Habe ich eher den Eindruck, daß ich hier noch mitten im Prozeß bin? Fühle ich mich eher verwirrt bezogen auf meine Identität?
3. Wie klar, wie sicher kann ich für mich die Frage beantworten: „Wer bin ich sexuell?" Versuchen Sie für sich eine Antwort auf diese Frage zu geben. Was macht es mir möglicherweise schwer, diese Frage klar beantworten zu können?
4. Wenn mir klar ist, wer ich sexuell bin, wieweit kann ich meine Sexualität und auch meine persönliche sexuelle Ausrichtung annehmen? Was macht es mir möglicherweise schwer, meine sexuelle Ausrichtung anzunehmen? Was kann mir helfen, sie anzunehmen?

4. KAPITEL
ZUR GRUNDSÄTZLICHEN BEDEUTUNG VON INTIMITÄTS- UND BEZIEHUNGSFÄHIGKEIT

1. Identitätsfindung und Fähigkeit zur Intimität

Wer ein klares Verständnis von sich hat und dem, was er will, wird sich unbefangen auf andere einlassen können und sich durch die Unterschiedlichkeit der anderen Person nicht bedroht fühlen. Er und sie werden sich, da sie sich ihrer selbst sicher sind, auf eine große Offenheit und Nähe mit anderen Personen einlassen können. Wer dagegen „seine" Identität einfach aufgesetzt hat, wird nur sehr zurückhaltend auf andere Menschen zugehen können und es schwer haben, andere, die nicht nach den eigenen Standards und Vorstellungen leben, zu akzeptieren. Personen, deren Identität verwirrt ist, werden sich indifferent verhalten und ängstlich gegenüber intimen Beziehungen sein. Da sie kein klares Verständnis von ihren eigenen Grenzen haben, haben sie Angst, von anderen vereinnahmt zu werden. Die Angst führt dazu, daß sie sich lieber auf unverbindliche Beziehungen einlassen. Hat jemand dagegen seine Identität gefunden, kann er seine Begegnung mit anderen Menschen vertiefen.
Solange wir noch nicht zu unserer Identität gefunden haben, sehen wir die Welt und die Menschen um uns herum durch die Brille unserer Familie, Gemeinde, Kultur. Im Prozeß der Identitätsfindung kommt zunehmend klarer unser eigentliches Selbst zum Ausdruck. Wir stellen dann nicht länger gleichsam eine Einheit mit der uns prägenden Umgebung dar, sondern können mehr und mehr zwischen uns und dieser Umgebung unterscheiden und unsere Nähe und Distanz zu ihr bestimmen. Uns wird immer mehr unsere eigene Einzigartigkeit bewußt, und wir treten zunehmend im Bewußtsein unserer Einzigartigkeit in Beziehung zu anderen Menschen, die wir auswählen (vgl. Egan 1980,189f.).

In einem weiteren Entwicklungsschritt wird der einzelne immer mehr befähigt, andere Menschen aus deren Sicht zu sehen. Das heißt, mit der Fähigkeit zur Intimität geht die Fähigkeit einher, sich in einen anderen Menschen einfühlen zu können. Je größer unsere Fähigkeit zur Empathie wird, desto mehr sind wir in der Lage, mit Menschen, so wie sie sind, in Beziehung zu treten. Die Fähigkeit zur Empathie gilt daher mit Recht als Eckstein aller wirkungsvollen menschlichen Beziehungen. Ohne sie sind Freundschaft und Intimität nicht möglich.
Habe ich zu mir gefunden und bin ich dabei mit meinem Selbst in Berührung gekommen, muß ich mich zurücknehmen, um auf dem Fundament meiner gefundenen Identität mich auf andere Personen einzulassen. Sehr treffend formuliert das Rainer Maria Rilke (1929, 37f.):

Liebe ist zunächst nichts, was aufgehen, hingeben und sich mit einem Zweiten vereinen heißt (denn was wäre eine Vereinigung von Ungeklärtem und Unfertigem, noch Ungeordnetem?), es ist ein erhabener Anlaß für den Einzelnen, zu reifen, in sich etwas zu werden, Welt zu werden, Welt zu werden für sich um eines anderen willen, es ist ein großer unbescheidener Anspruch an ihn, etwas, was ihn auserwählt und zu Weitem beruft. Nur in diesem Sinne, als Aufgabe an sich zu arbeiten („zu gehorchen und zu hämmern Tag und Nacht"), dürften junge Menschen die Liebe, die ihnen gegeben wird, gebrauchen …

2. Intimitätsfähigkeit – Eckstein für echte zwischenmenschliche Beziehungen

Beziehungs- und Intimitätsfähigkeit zeigt sich u.a. in der Fähigkeit, auf einer tieferen Ebene mit anderen Menschen vertraut zu werden, sich in sie einfühlen zu können; Freundschaften zu initiieren und menschenfreundliche, warme Beziehungen zu anderen Menschen

knüpfen zu können; Erfahrungen machen zu dürfen, bei denen es einem warm ums Herz wird, bei denen man sich geborgen, getragen, gehalten erfährt.
Es gehört mit zu dem normalen Reifungsprozeß einer Person, fähig zu werden, sich auf tiefe, bedeutungsvolle Beziehungen einlassen zu können, unabhängig davon, ob diese Person in einer Partnerschaft oder zölibatär lebt. Diese Reife, die sich u.a. in der Fähigkeit zur Intimität zeigt, ist so etwas wie eine Grundlage für beide Lebensweisen. Sie ist Teil im Prozeß unseres Voll-Mensch-Werdens und Mensch-Seins. Die Intimitätsfähigkeit ist für beide Lebensformen das Fundament, auf dem Partnerschaft und Ehelosigkeit gründen müssen, wollen sie eine gute Chance haben, lebensfähig zu sein.
Eine Ehe oder Partnerschaft kann nur dann gelingen, wenn die beiden Personen sich miteinander verbinden, sich gegenseitig verstehen, auf einer tieferen Ebene miteinander Kontakt aufnehmen können. Eine ehelos lebende Person wird erst dann auf die Ausschließlichkeit einer Beziehung, wie sie für die Ehe Kennzeichen ist, ohne Schaden verzichten können, wenn sie im Grunde genommen zu einer solchen Beziehung fähig ist, aber darauf verzichtet.
Intimität ist, so Gerard Egan (1980,191), dadurch gekennzeichnet, daß zwei Menschen ihre Gedanken, ihre Gefühle, ihre Wertvorstellungen, ihre Erfahrungen direkt und auf die innigste Weise, die ihnen möglich ist, miteinander austauschen. Charakteristisch ist für die Intimität, daß beide das, was sie in der Tiefe ihrer Seele berührt, miteinander austauschen können. Bei einer intimen Beziehung gestattet man sich, von einem anderen Menschen wirklich erkannt zu werden. Intim zu sein heißt zugleich auch, verwundbar zu sein.
Intimität wird in unterschiedlicher Dichte erfahren. Da gibt es den Bekannten, der mir vertraut ist, den ich gelegentlich treffe, mit dem ich das eine oder andere mir wichtige Problem und Anliegen austausche. Intim kann die Beziehung zu Berufskollegen und Kolleginnen sein, die eine Loyalität füreinander, gegenseitige Unterstützung, gleiche Ansichten und eine große Offenheit im Rahmen ih-

rer gemeinsamen Arbeit verbindet. Intim kann die Beziehung zu den Teilnehmern eines Familienkreises und im Rahmen einer Supervisionsgruppe sein. Dann gibt es den Partner oder den besten Freund, den Menschen, der mich am meisten kennt und den ich am meisten kenne. Es kann für mich der Mensch sein, mit dem ich die größte Intimität erfahre.

Auch gibt es ganz unterschiedliche Formen von Intimität (vgl. Gilmartin 1995,28ff.). Von *emotionaler* Intimität spricht man, wenn man sich verstanden fühlt, wenn man spürt: Ja, die andere Person vollzieht nach, was ich fühle. Es existiert so etwas wie eine Seelenverwandtschaft. Oder es gibt eine *intellektuelle* Intimität, wenn man z.B. im Gespräch mit einem anderen seine eigenen Ideen und Gedanken vorträgt und merkt, daß man von der anderen Person verstanden worden ist, oder feststellt, daß man im Grunde genommen die gleichen Gedanken und Ideen hat.

Von einer *ästhetischen* Intimität kann man sprechen, wenn zwei Menschen sich über etwas Schönes unterhalten, etwa über ein Kunstwerk oder eine Erfahrung in der Natur, und beide dabei spüren, wie sie sich in ihrem Gespräch auf der gleichen Ebene bewegen. Manchmal braucht man dazu nicht einmal Worte. Man ist fasziniert von einem Sonnenaufgang und fühlt sich in diesem Moment verbunden mit dem Menschen, mit dem zusammen man den Sonnenuntergang erlebt. Auch das gemeinsame Erleben und Durchtragen eines Schicksalsschlages, z.B. des Todes eines Kindes, kann zu einer Intimität führen, bei der man durch das Band der gemeinsamen Trauer zusammengehalten wird.

3. Wenn die Intimität fehlt: Stereotype, unlebendige Beziehungen

Ein typisches Kennzeichen des Menschen, der nicht fähig ist zur Intimität, sind stereotype Beziehungen. Stereotype Beziehungen sind nicht wirklich lebendig. Sie gehen nicht tief, prallen immer wieder an der Oberfläche ab. Es kann sich dabei um durchaus freundliche, auch höfliche Beziehungen handeln. Solche Beziehungen vermögen aber auf Dauer nicht zu nähren. Es gibt viele Beziehungen, bei denen es genügt, daß sie oberflächlich bleiben. So gibt es ja auch Grenzen in unseren Möglichkeiten, uns auf tiefe Beziehungen einzulassen. Doch entscheidend ist, daß eine Person zu tiefen, bedeutungsvollen Beziehungen fähig ist und in ihrem Leben wenigstens einige tiefe, bedeutungsvolle Beziehungen unterhält, die sie zu nähren und zu tragen vermögen.

Wenn ich nicht fähig bin zur Intimität, bin ich in einer gewissen Weise einem Roboter vergleichbar. Ich komme über bestimmte, einstudierte Bewegungen und Formulierungen nicht hinaus, vermag meine Gefühlswelt nicht angemessen zum Ausdruck zu bringen. Das verhält sich anders, wenn ich in einen echten Austausch mit anderen Menschen treten kann, wenn ich meine Hoffnungen, Sehnsüchte, Ängste, Träume mit ihnen austauschen und teilen kann. Wer nicht intimitätsfähig ist, dürfte auch kaum in der Lage sein, wirklich schauend, sich selbst vergessend in eine lebendige Beziehung zur Natur oder zu einem Gemälde zu treten. Er bleibt eingesperrt in sein Roboter-Kostüm. Er wird auch zu keiner wirklich innigen Verbindung mit Gott gelangen können. Das aber heißt auch, er wird keine verbindliche Beziehung zu Gott aufnehmen können, die ihn zum einen in die Verantwortung ruft, zugleich aber auch Stütze bedeuten kann.

Unverbindlichkeit, Oberflächlichkeit, ein erheblicher Mangel an Sensibilität und Einfühlungsvermögen sowie eine erhöhte Anfälligkeit für Ideologien sind weitere Kennzeichen der Unfähigkeit zu intimen Beziehungen. Diese Personen sind in besonderer Weise anfällig für abstrakte, theoretische, idealisierte Vorstellungen und Ziele, die mit dem wahren Leben nichts oder nur wenig zu tun haben.

Wenn die Entwicklung zur Intimität ausbleibt, tritt an ihre Stelle etwas Unreifes. So meint Sandra Schneiders (1986,218f.): „Neben der Unreife, die eine Folge davon ist, daß man sich den Herausforderungen reifer Intimität nicht stellt, steht beinahe notwendigerweise die ungesunde Verdrängung des Bedürfnisses nach Nähe. Das unerfüllte Bedürfnis nach Intimität manifestiert sich in der Verkleidung von Drogenmißbrauch, Kontroll- und Verteidigungsmechanismen und der Entfremdung von Autorität. Hierzu gehören Phänomene wie eine übergroße Abhängigkeit oder Unterwürfigkeit gegenüber Vorgesetzten und der autoritäre Gebrauch von Macht in Arbeitsverhältnissen ebenso wie Hypochondrie, Eßstörungen, Alkohol- und Medikamentenmißbrauch, zwanghafte Masturbation, Arbeitszwang, Perfektionismus, ungesunde Formen ritualisierter Frömmigkeit und das rigide Festhalten an Regeln und Riten."

Wenn man diese Auflistung liest, wird man sofort an die Symptome erinnert, die im Falle sexueller Übergriffe von Seelsorgern in Teil I dieser Veröffentlichung genannt wurden. An dieser Stelle wird nochmals deutlich, welche fatalen Folgen es haben kann, wenn die Fähigkeit zur Intimität bei einem Seelsorger oder einer Seelsorgerin fehlt.

5. KAPITEL
INTIMITÄT, SEXUALITÄT, LIEBE

1. Fähigkeit zur Intimität und Sexualität

Die Fähigkeit zur Intimität, das dürfte deutlich geworden sein, geht über die Fähigkeit, mit jemandem sexuell intim sein zu können, hinaus. Auch die sexuelle Begegnung kann eine Form von Intimität darstellen. Intimität ist aber nicht gleichzusetzen mit Sexualität. Ist ein Mensch fähig, sich in einen anderen Menschen hineinzuversetzen und ihn auf einer tieferen Ebene zu verstehen, dann kann es auch in der sexuellen Begegnung zu einer intimen Begegnung kommen, im Unterschied etwa zum Sex, bei dem man nur an sich denkt und die Tiefe der eigenen Gefühle nur begrenzt angesprochen wird. Ist ein Mensch fähig zur Intimität, wird seine Sexualität in die Gabe seiner Beziehungs- und Liebesfähigkeit integriert. So ist der Prozeß hin zur Intimitätsfähigkeit auch ein Prozeß der Integration der Sexualität in die Gesamtpersönlichkeit.

Für einen Menschen, der sich entscheidet, in einer Beziehung zu leben, heißt, zur Intimität fähig zu sein, auch seine Sexualität unter den Anspruch der Intimität zu stellen. Dieser Anspruch ist unter anderem gekennzeichnet durch eine respektvolle Haltung gegenüber dem Partner oder der Partnerin. Das Wort Respekt läßt sich ableiten von dem Wort *respicere*, das übersetzt heißt: „noch einmal hinschauen". Übertragen auf unseren Zusammenhang meint das, die Sexualität in den Gesamtkontext meines Lebens, in den von mir gewählten Lebensstil zu stellen. Es meint, in meinem sexuellen Verhalten mit meinem Partner ist das erlaubt, was vor einem nochmaligen Hinschauen bestehen kann, einem Hinschauen, das über mein sexuelles Verlangen hinaus meine Berufung, meine Verpflichtungen, den Respekt und die Würde des anderen usw. entsprechend würdigt.

Für den zölibatär lebenden Menschen kann ein nochmaliges Hinschauen auf sein sexuelles Verlangen heißen, sich damit zu konfrontieren, welche Auswirkungen ein mögliches Ausagieren der Sexualität bei ihm selbst oder bei anderen hat; welcher Schaden dadurch dem eingegangenen Lebensweg möglicherweise zugefügt wird; welchen Schaden es für die Menschen mit sich bringen mag, mit denen man vielleicht ein sexuelles Abenteuer teilt, darüber hinaus aber nicht als Partner zur Verfügung steht, etwa wenn man durch sein sexuelles Verhalten zum Vater wird, aber nicht bereit bzw. in der Lage ist, diesem Kind als Vater wirklich gerecht zu werden.

Wie wichtig die Fähigkeit zur Intimität auch in bezug auf die Sexualität ist, wird auf dem Hintergrund des sexuellen Mißbrauchs Minderjähriger deutlich. Bei den Menschen, die Minderjährige mißbrauchen, fehlt vielfach die Befähigung zur Intimität. Es handelt sich vielfach um Menschen, die in der Kindheit keine sichere emotionale Beziehung zu ihren Eltern oder Erziehern entwickeln konnten. Sie haben oft als Erwachsene Schwierigkeiten, sich mit Gleichaltrigen auf tiefe, intime Beziehungen einzulassen. Ihr Bedürfnis nach erotischer Nähe vermischt sich mit dem triebhaften Verlangen nach Sex, mit dem Ergebnis, daß sie sexuell promiskuitiv werden. Sie bevorzugen anonymen Sex. Eine gleichberechtigte, erwachsene tiefe Beziehung übersteigt ihre Möglichkeiten. So suchen sie die Nähe von bedürftigen Kindern, bei denen sie weniger Angst haben, zurückgewiesen zu werden und bei denen sie mit Bewunderung rechnen und die sie kontrollieren können. Da sie aber ihr Verlangen nach Nähe und Anerkennung – sie haben in der Regel ein geringes Selbstwertgefühl und entsprechend ein großes Bedürfnis nach Anerkennung durch andere – vornehmlich über sexuelle Kontakte erhalten, werden sie mit der Zeit die Grenzziehung zwischen Erwachsenem und Kind verwischen und aus der emotionalen eine sexuelle Beziehung machen (vgl. Ward 1995, 317ff.). Auffällig ist bei diesen Personen weiter, daß sie wenig Empathie gegenüber ihren Opfern und wenig Schuldgefühle über ihr Verhalten empfinden.

„Lieben als Lernprozeß", so heißt ein Buch von Dieter Wyss (1975). Es ist für mich eines der schönsten und der Wirklichkeit am nächsten kommende Buch über Liebe. Eine zentrale Erfahrung im Lernprozeß des Liebens ist die Erfahrung von Innigkeit. Das sinnlich-leibliche Angezogensein, das in der Regel am Anfang einer Beziehung steht, dann aber abnimmt, muß, soll die Beziehung weiterhin tragfähig sein, mit der Zeit übergehen in das gemeinsame Erleben von Innigkeit.

Innigkeit meint hier im Wesentlichen, was ich unter Intimität verstehe. „In der Innigkeit einer Zuneigung wird der andere aus der (tiefen) Dimension des Fühlens, des ‚Gemütes' angenommen ... In der Innerlichkeit ist der andere ganz in der Tiefe des eigenen Fühlens aufgenommen. Seine Nähe, die sonst immer wieder in Gleichgültigkeit umzuschlagen droht, ist in dieser Verinnerlichung in einer Weise erfüllt, daß die bloße Anwesenheit des anderen im eigenen Innern liebevolle Bestätigung, Abschirmung und Befriedigung umschließt ... In der Innigkeit der Zuneigung ist der andere als anderer in mir selbst anwesend und angenommen ... In inniger Kommunikation wird die Ebene erreicht, in der es keine gegenseitige Nichtung, keine Angst vor Verlust des anderen oder Nachlassen der Zuneigung gibt. Sie vermag zu einer Grundeinstellung dem anderen gegenüber zu werden, die in der Tiefe des Fühlens beheimatet ist" (142ff.).

Diese Erfahrung der Innigkeit wird begleitet von der Zärtlichkeit, die ihr vorausgeht, und der Dauer einer Beziehung, die ihr folgt. Die Metamorphosen „der Traumhaftigkeit in Zärtlichkeit, der Verzauberung und Verzückung in Innigkeit, der Verklärung und Entrückung in das Erleben der Dauer bedeuten", so Dieter Wyss, „keineswegs... resignativen Verzicht auf die sinnlich-orgasmische Beglückung (diese erstreckt sich häufig bis in das Alter). Der Wandel, der sich hier zu vollziehen vermag, bedeutet vielmehr, daß sich an der Vertiefung der Dimension der Kommunikation in Zärtlichkeit, Innigkeit und Dauer die sinnliche Zuneigung immer wieder entzündet" (145).

Kann man sagen, daß die leiblich-sinnliche Erfahrung des sexuellen Zusammenseins in einer gewissen Weise ersetzt wird durch Zärtlichkeit und Intimität? Ja und Nein. Aus der sinnlich-leiblichen Erfahrung *kann* Innigkeit erwachsen, muß aber nicht. Dann freilich wäre die Basis für eine Beziehung lediglich das sexuelle Band. Das aber dürfte auf Dauer nicht tragfähig, nicht bindekräftig genug sein. Mag am Anfang die leiblich-sinnliche Erfahrung die wichtigste Komponente sein, später ist es sicher die Erfahrung der Innigkeit, der Intimität, die ihre Bedeutung übernimmt. Sie ist der Kern und der Stern einer Beziehung, die hoffentlich immer wieder auch beglückt wird durch die sinnlich-leibliche Erfahrung, wie sie im sexuellen Zusammensein möglich ist. Im sexuellen Zusammensein wird die Traumhaftigkeit, die Verzauberung und die Verklärung der Anfangszeit immer wieder gefeiert, für einen Moment der Alltag durchbrochen und erleuchtet. Am Anfang war alles umfangen von dieser Traumhaftigkeit, Verzauberung und Verklärung. Jetzt sind es nur Augenblicke, die dann der Wirklichkeit des Alltags wieder weichen, wie ein Fest, das gefeiert wird, vom Alltag wieder abgelöst wird, bis man sich anschickt, erneut zu feiern.

Abraham Maslow sagt Ähnliches von dem sich selbst verwirklichenden Menschen. Die sinnlich-leibliche, sprich: sexuelle Erfahrung, ist für ihn wichtig. Sie ist aber eingebettet in die Intimität, die Innigkeit und Tiefe einer Beziehung. Das heißt, aus der Intimität, der Innigkeit der Beziehung entsteht die sinnlich-leibliche Beziehung. Sie ist Ausdruck dieser Innigkeit. Eine leiblich-sinnliche Beziehung, die nicht Teil dieser Intimität ist, wird eher vermieden. Fehlen aber die Voraussetzungen für diese Innigkeit, dann verzichtet man lieber auf die sexuelle Beziehung.

Wenn es Partnern gelingt, Intimität und Sexualität angemessen miteinander zu leben, wird sich das wohltuend auf ihre Beziehung und auf ihre eigene Befindlichkeit auswirken. Sie werden auch gut beraten sein, die Vitalität ihrer sexuellen Kraft nicht zu unterschätzen. Wird sie nicht in der gemeinsamen Beziehung angemessen gewürdigt, wird diese Kraft versuchen, sich auf andere Weise zu verwirklichen, sei es in der Selbstbefriedigung oder in sexuellen Kontakten außerhalb der Partnerschaft.

Auch der Person, die ehelos leben will, darf die Auseinandersetzung mit den Prozessen, die zur Erlangung der Intimitätsfähigkeit notwendig sind, nicht erlassen werden. Der lebendige Austausch mit anderen Menschen bei diesem Prozeß kann dazu beitragen, noch mehr mit dem, was dem einzelnen wichtig ist, in Berührung zu kommen, gerade auch wenn es um die Frage geht, ob ich ehelos oder in einer Partnerschaft leben will. Die Erfahrungen, die man dabei macht, können dem einzelnen helfen, noch deutlicher für sich herauszufinden, ob er wirklich ehelos leben will oder nicht. Wer befürchtet, daß der Weg zur Intimitätsfähigkeit die Gefahr mit sich bringt, zuviel von der eigenen Sexualität zu wecken und deshalb diese Prozesse nicht zuläßt, riskiert, nie dazu fähig zu werden, einen anderen Menschen wirklich lieben zu können. Das heißt, es besteht die Gefahr, Sexualität und Liebe als zu eng miteinander verwoben zu sehen, mit dem Ergebnis, daß nicht nur die Sexualität, sondern auch die Liebe dabei auf der Strecke bleiben.

So meint auch Sandra Schneiders (1986,219): „Die vielleicht tragischste Konsequenz, die sich für Priester und Ordensleute daraus ergibt, daß sie sich der Intimitätskrise nicht stellen, liegt auf dem Gebiet der Spiritualität. Die Fähigkeit, Gott und die Nächsten mit ganzem Herzen zu lieben, die letztendlich die einzige adäquate Motivation für die Entscheidung zum zölibatären Leben ist, beruht auf der Kapazität für menschliche Intimität. Es klingt banal, wenn man sagt, daß jemand, der Menschen nicht lieben kann, auch Gott nicht lieben kann, doch es handelt sich hier um eine kühle, harte Tatsache. Wer als Priester oder Ordensangehöriger niemals die Liebe erlebt hat, wer nie mit echten, warmen, menschlichen, sexuell lebendigen und lebendigmachenden Gefühlen einen realen, konkreten, einzigartigen Menschen geliebt hat und von ihm geliebt worden ist, kann zwar endlos über die Schönheit und Freude göttlicher Liebe reden, wird jedoch auf jemanden, der Agonie und Ekstase der Liebe in der Realität erlebt hat, nicht sehr überzeugend wirken. Man muß nur einmal die großen Mystiker und Mystikerinnen lesen, um zu wissen, daß ihre Bildlichkeit nicht dem Hörensagen oder ihrer Phantasie entsprungen ist. Einer der grundlegendsten Wesenszüge dieser großen Liebhaber Gottes, die in der Kirchengeschichte immer auch als große Seelenhirten bekannt waren, ist ihre Fähigkeit zu tiefen persönlichen Beziehungen und echten Freundschaften."

3. Fähig zur Intimität werden – ein Reifungsprozess

Den entwicklungspsychologisch und gesamtmenschlich betrachtet wichtigen Entwicklungsschritt hin zur Fähigkeit zur Intimität muß jede Person, unabhängig davon, ob sie in einer Partnerschaft oder ehelos leben will, vollziehen. Es handelt sich dabei um einen Reifungsprozeß, der zu einer ganzheitlichen Mensch-Werdung dazugehört. So kann es beispielsweise nicht Sinn eines ehelosen Lebens sein, normale Entwicklungsprozesse zu vermeiden. Es kann und darf nicht dazu führen, sozusagen aus der normalen Entwicklung auszuscheren.

Wer diesen Prozeß, der am Ende intimitätsfähig macht, vermeidet, bleibt in seiner Entwicklung hängen. Der Lebensfluß, der sich in der normalen Entwicklung eines Menschen Bahn schaffen will, wird dann gestoppt und kommt gegebenenfalls gar zum Stillstand. Bei dem einen entsteht an dieser Stelle ein Knoten, der immer fester wird. Der Betreffende hört an dieser Stelle auf, sich weiterzuentwickeln. Bei einem anderen mögen, da der Hauptstrom der Entwicklung blockiert ist, Nebenflüsse entstehen, die versuchen, über Umwege die Entwicklung weiter voranzubringen. Allein sie sind letztlich nur ein Notbehelf. Ihnen gehen der Schwung und die Kraft ab, die nur ein normal fließender Lebensstrom zu versprühen und zu verströmen vermag. Manchmal kann es dann geschehen, daß innere Prozesse und äußere Erfahrungen so stark auf jemanden einwirken und dadurch dazu beitragen, daß der Damm eingerissen wird, der den Lebensstrom von seinem Fließen abgehalten hat. Dann kann die normale Entwicklung ihren Gang nehmen. Für den Betreffenden ist eine solche Erfahrung, bei der dieser Damm durchbrochen wird, oft mit großen Schmerzen und der Erfahrung einer Krise verbunden. Jetzt rächt sich, daß nicht zur rechten Zeit die normale Entwicklung zugelassen wurde, man sich damals etwas vorgemacht hat, glaubte, einfach eine Seite von sich in die Abstellkammer stellen zu können.

Oft sind es Erfahrungen von tiefen Begegnungen mit anderen Menschen, Erfahrungen des Sich-Verliebens, die eine bisher nicht zugelassene Seite aufwecken, die schließlich zu einem solchen Dammbruch führen können. Für jene Person, die das erfährt, kann das bezogen auf ihren persönlichen Entwicklungsprozeß eine Chance sein. Es ist zugleich aber auch oft ein Ereignis, das mit größten Nöten und Schwierigkeiten verbunden sein kann.

Bei dem Prozeß, der intimitäts- und beziehungsfähig macht, geht es um einen emotionalen Reifungsprozeß. Die genital-sexuelle Erfahrung steht dabei zunächst nicht im Vordergrund. Sie kann mitunter sogar der Entwicklung hin zur Intimitätsfähigkeit im Wege stehen. Das trifft dann zu, wenn an die Stelle des oft sehr schwierigen Prozesses dahin zu schnell die genital-sexuelle Begegnung tritt.

Sexuelles Schweigen unter jungen Leuten darf aber auf der anderen Seite nicht unbedingt als ein positives Zeichen gewertet werden. Hier ist es wichtig, genauer hinzuschauen, warum sich jemand sexuell enthält. Bei dem einen mag dahinter eine gehemmte Persönlichkeit stehen, für die ein enger Kontakt schmerzvoll und mit Furcht verbunden ist. Bei einer anderen Person mag es sich um eine durchaus offene und reife Persönlichkeit handeln, die sich wohlfühlt mit ihrer eigenen Sexualität, zugleich aber auch in der Lage ist, aus wichtigen Gründen auf sexuelle Aktivitäten zu verzichten. Es geht also nicht darum, *ob* jemand als Heranwachsender sexuell aktiv ist oder nicht, sondern *warum* er das eine oder das andere ist. Eine Person, die sich den Herausforderungen sexuellen Reifens entzieht, kann die gleichen Schwierigkeiten bekommen wie jene Person, die diesen Herausforderungen so begegnet, daß sie sich sexuell promiskuitiv verhält. Eine bewußte Zurückhaltung, die nicht auf irrationale Angst vor der Sexualität gegründet ist, kann Ausdruck von Reife sein. Voraussetzung dafür ist, daß jemand mit seiner Sexualität in Berührung ist und *mit ihr* umzugehen versteht und nicht umgekehrt *sie mit ihm* etwas macht.

Auch für die Person, die vorhat, ehelos zu leben, ist es wichtig, sich diesem emotionalen Reifungsprozeß, der zur Beziehungsfähigkeit führt, zu stellen. So kann es nicht angehen, daß jemand, der ehelos leben soll, solche Prozesse zu schnell stoppt, abkürzt oder nicht zuläßt. Ich befürchte, daß zum Beispiel bei angehenden Priestern und Ordensleuten, von denen erwartet wird, daß sie ehelos leben, aus der Angst heraus, sie könnten ihre Sexualität entdecken und deshalb ihrer Berufung entsagen, nicht selten dieser so notwendige emotionale Reifungsprozeß unterbleibt.

4. Ehelosigkeit und Intimität

Eine Person, die nicht in einer Partnerschaft lebt bzw. nicht vorhat, in einer der Ehe ähnlichen Beziehung zu leben, wird in der Regel schneller an ihre Grenzen kommen, wenn es darum geht, innere und äußere Nähe in der Begegnung mit anderen zuzulassen.

Doch, so Sandra Schneiders (1986,219f.), es ist eine kühle, harte Tatsache, „daß man allein keine Intimität ereichen kann. Man muß des Alleinseins fähig sein und ein echtes Gefühl für seine persönliche Identität entwickelt haben, will man in der Lage sein, Intimität zu leben. Die Identitätsfindung ist jedoch ohne die Entwicklung intimer Beziehungen nicht vollendet. Wenn man sich der Herausforderung von Beziehung noch nicht gestellt hat, so hat man auch noch nicht herausgefunden, wer man ist. Intimität basiert auf einem ursprünglichen Gefühl für das Selbst. Im wirklichen Leben geschieht Identitätsfindung und Identitätserfassung auf neue und tiefere Weise durch die Erfahrung wechselseitiger Intimität. Zu einem großen Teil erkennen wir uns selbst durch das, was wir anderen bedeuten, besonders denjenigen, die wiederum uns wichtig sind. Allerdings kann man mit anderen Menschen nicht generell intim sein. Auch ist es unmöglich, konkrete individuelle Erfahrungen mit echten, individuellen Personen durch eine Art universelle Leutseligkeit oder gar apostolische Güte zu ersetzen."

Weiter meint Sandra Schneiders: „Kommt die affektive Entwicklung nicht zustande, bedeutet dies gleichzeitig eine unvollständige menschliche Entwicklung, und, wichtiger noch, es ist auf diese Weise nicht möglich, die Liebe Gottes und das eigene seelsorgliche Potential voll zu entwickeln. Anders formuliert: die Sache ist sehr riskant. Wenn der Priester, der Mönch oder die Nonne keinen alternativen Weg zu menschlicher Intimität findet, ist es sehr wahrscheinlich, daß er oder sie genau das Ziel verfehlt, auf das der religiöse Zölibat ja gerade ausgerichtet ist. Es ist keine gangbare Alternative, die Herausforderung zur Intimität zu umgehen. Dies würde bedeuten, daß man auf das Abenteuer des Menschseins verzichtet. Der Umgang mit Gefühlen darf für den zölibatär lebenden Menschen also nicht zu Vermeidungsstrategien hinsichtlich sexueller Beziehungen degenerieren oder zu rigiden Auflistungen dessen, was erlaubt oder aber verboten ist. Es ist nicht unsere Aufgabe, uns durchs Leben zu schlagen und dabei ja keinen Geschlechtsverkehr zu haben oder uns nur so viel menschliche Wärme zu erlauben, daß wir gerade überleben können, ohne lähmende Schuld auf uns zu laden. Wir sollen einen echten zölibatären Weg zu erwachsener Intimität und folglich auch zur Gefühlsreife finden."

Für jene, die ehelos leben, z.B. Priester und Ordensleute, gilt es, bei der „Einübung" in die Fähigkeit der Intimität, meiner Ansicht nach, zwei Aspekte zu berücksichtigen. Der eine Aspekt: immer mit der Berufung in Berührung zu bleiben, gleichsam immer wieder den Stern der Berufung vor sich zu sehen, zu dem auch das ehelose Leben gehört. In Berührung mit diesem Stern der Berufung

gilt es dann, und das ist der zweite Aspekt, ohne Angst sich auf konkrete menschliche Begegnungen mit Männern und Frauen einzulassen. Dabei kann es passieren, daß ich manchmal den Eindruck habe, ich verliere den Kontakt mit meinem Stern, meiner Berufung. Auch mag es vielleicht geschehen, daß ich auf meinem Weg einem *ignis fatuus*, einem sogenannten falschen Feuer folge, in der Meinung, es sei der Stern. Das ist eine Erfahrung, die der Wüstenwanderer kennt, der meint, er richte sich nach den Sternen, und gar nicht merkt, daß er dem Feuer einer Karawane, die in der Wüste lagert, gefolgt ist. Sobald er aber seinen Irrtum entdeckt hat, orientiert er sich wieder an dem Stern, denn nur, wenn er ihm folgt, kommt er an sein Ziel. Zur Intimitätsfähigkeit gehört das Explorieren und Suchen mit dem Risiko, sich möglicherweise auch einmal zu verirren, um letztlich *das* zu finden und *dort* anzukommen, wohin der Stern mich führen will.
Es geht dabei nicht darum, sich „einmal auszuprobieren“, zum Beispiel, sich auf eine sexuelle Begegnung oder auf ein sexuelles Abenteuer einzulassen. In diesem Zusammenhang hört man immer wieder die Frage: Wie steht es mit dem Partner bzw. der Partnerin, auf die man sich einläßt? Werden sie nicht ausgenutzt? Bei dieser Fragestellung stimmt die Sichtweise nicht. Es geht hier darum, sich in großer Offenheit auf ein normales, selbstverständliches Verhältnis zu Männern und Frauen – vor allem auch gleichen Alters – einzulassen; in diese Beziehungen nicht als einer zu gehen, der Scheuklappen trägt, der sich eingepanzert hat. Ich gehe in diese Beziehungen, Kontakte und Begegnungen als einer, der in sich die Berufung, zum Beispiel Priester, Ordensfrau oder Ordensmann zu werden, spürt und weiß, daß das auch heißt, ehelos zu leben und dennoch offen zu sein für einen direkten, unmittelbaren Kontakt mit Männern und Frauen. Dabei kommt es zu Kontakten, Begegnungen und einem gegenseitigen Austausch auf ganz verschiedenen Ebenen.
Sich auf bedeutungsvolle tiefe Beziehungen einlassen heißt nicht notwendigerweise, daß diese Beziehungen darauf angelegt sind, ir-

gendwann in der sexuellen Begegnung zu enden oder dort enden zu müssen. Das heißt es weder für den angehenden Ehelosen noch für seine Partner. Auch jene haben in der Erfahrung der Begegnung mit dem angehenden Ehelosen die Möglichkeit, in ihrer Intimitätsfähigkeit zu wachsen. Hier geht es vor allem um ein sich gegenseitiges Eröffnen, um ein inneres Aufbrechen und auch Aufgebrochenwerden, zunehmend mehr in der Lage zu sein, das Kreisen um sich selbst zu verlassen und sich einfühlen und einstimmen zu können in einen anderen Menschen, um dadurch auch selbst weiter zu werden.

6. KAPITEL
INTIMITÄTSFÄHIGKEIT – DIE FÄHIGKEIT ZU NÄHE UND DISTANZ

1. Da bin ich und dort bist du

Im Prozeß unserer Entwicklung ist es wichtig, unsere Identität zu finden und auf der Grundlage dieser Identität in Kontakt und Beziehung zu anderen Menschen zu treten. Hier geht es um den Prozeß, der uns fähig macht für intime Begegnungen und Beziehungen. Dieser Prozeß schließt unter anderem ein, fähig zu werden, aus sich herausgehen und auf andere zugehen zu können, um mit ihnen in eine Beziehung zu treten und sie bei sich einzulassen. Es ist die Fähigkeit, sich einem anderen Menschen gegenüber öffnen zu können und ihn für sich aufschließen zu können. Damit einher gehen die Fähigkeit und Bereitschaft, sich von einem anderen Menschen öffnen zu lassen.

Das aber ist nur ein Teil der Aufgabe, die im Prozeß der Fähigkeit zur Intimität ansteht. Die andere, nicht weniger wichtige Aufgabe bezieht sich auf die Fähigkeit, die Grenzen der anderen Person zu respektieren und die eigenen Grenzen schützen zu können. Dieser Aspekt der Intimitätsfähigkeit wird oft zu wenig gesehen. Diese Fähigkeiten zu erlangen, ist für jeden Menschen ein Entwicklungsziel. Sie sind Voraussetzung für die Person, die als Helfer, sei es als Psychotherapeut, Seelsorger oder geistlicher Begleiter, tätig ist.

Ich kann dann jemanden bei mir einlassen, wenn ich mir sicher bin, daß ich ihn auch draußen lassen und nötigenfalls auch hinauswerfen kann, wenn er sich als unwürdig erweist – wie bei einem Spielplatz, der einen Zaun und Tore hat, die man öffnen und, wenn nötig, schließen kann (vgl. Weiss 1987,118ff.).

Je klarer ich mir bin, wer ich bin und was ich will und was wirklich von mir abgedeckt wird, desto intimitätsfähiger bin ich. Hier sehe ich auch einen Zusammenhang zwischen einer gelungenen Identitätsfindung und der Intimitätsbefähigung. Je klarer ich mir bin, je bewußter mir ist, was ich will, und je mehr ich die Erfahrung mache, in der Lage zu sein, das, was ich will und was mich ausmacht, zu schützen, desto unbefangener, spontaner und unmittelbarer werde ich mich auf tiefe Beziehungen einlassen können. Ich habe dann keine Angst, mich in diesen Beziehungen zu verlieren und das, was mich ausmacht, dabei preiszugeben.

Ich bin mir dann meiner Konturen bewußt. Meine Intimität, ihr Zulassen und ihr Erfahren, ist sozusagen eingebettet in meine Identität und wird von ihr mitgestaltet. Habe ich meine Identität gefunden und bin ich intimitätsfähig, dann vermag ich die Oberfläche zu durchdringen, dann bin ich in der Lage, verbindliche, tiefe, warmherzige Beziehungen zu anderen Menschen anzuknüpfen und zu pflegen. Ich bin dann aber auch in der Lage, gegenüber Einflüssen und Versuchen, manchmal vielleicht auch Versuchungen, in eine angemessene Distanz zu treten, wenn sie meine Identität unterhöhlen oder gefährden.

Erst die Fähigkeit, selbst darüber entscheiden zu können, wen ich und wie tief ich jemanden bei mir einlasse, ermöglicht eine echte Beziehung und Intimität. Diese Fähigkeit zeigt, daß ich Konturen habe, daß es einen Bereich in mir gibt, der allein mir vorbehalten ist und über den allein ich bestimme. Wenn ich mich entscheide, einen anderen Menschen in diesen privaten Bereich hereinzulassen, dann ist das etwas Besonderes. Es sagt weiter, daß ich um meine Eigenständigkeit weiß. Da bin ich und dort bist du. Wir sind zwei voneinander unabhängig existierende Individuen. Wenn ich dich an meinem Leben Anteil nehmen lasse, dann tue ich das aus einer frei getroffenen Entscheidung heraus. Dieses Ja zum Kontakt und zur Verbindung mit dir ist abgedeckt durch mich. Gerade weil ich auch *nein* zu dir sagen kann, weil ich mich von dir abgrenzen kann, ist mein *ja* zu dir echt.

Die Fähigkeit zu angemessener Distanz als ein Element der Intimitätsbefähigung zeigt sich, so Hermann Stenger (1988,101), „in der

Bereitschaft und in der Kraft, sich von Einflüssen fernzuhalten, die dem eigenen Intimbereich schaden und dem Wesen von Liebe und Treue widersprechen. Es handelt sich hier um eine reife Art von Zurückhaltung, die nicht aus Vorurteilen oder aus der Furcht vor Ich-Verlust, sondern aus Ich-Stärke hervorgeht."

Ein entscheidendes Kennzeichen der Fähigkeit zur Distanz ist daher, daß hinter dieser Distanz eine positive Einstellung zur Intimität steht, also nicht Ängstlichkeit vor Nähe die Triebfeder dieser Distanz ist. Ich entscheide sozusagen souverän, von mir her, aus persönlicher Überzeugung, daß ich in dieser Situation, in dieser Beziehung so viel Intimität zulasse, ganz bewußt zulasse, im Unterschied zu einer anderen Situation, bei der ich ganz bewußt weniger Intimität zulasse.

Ich lasse in Beziehungen das an Nähe zu, was mit meiner Identität in Einklang zu bringen ist, sie stützt und stärkt. Einflüsse und Verhaltensweisen, die meine Identität unterminieren, halte ich fern von mir. Nicht, weil ich davor Angst hätte, nicht, weil ich sie für schlecht erachte. Nein! Ich trete in Distanz zu ihnen, weil mein *nein* zu ihnen ein *ja* zu meiner Identität bedeutet.

Ist mein *ja* zu einer anderen Person dagegen nicht abgedeckt von mir, bin ich nicht in der Lage, im Sinne einer Abgrenzung *nein* zu sagen, dann ist der Kontakt, die Intimität, die zwischen mir und der anderen Person entsteht, nicht echt. Es handelt sich dann um eine Pseudointimität. Ich vermag nur dann in eine echte, intime Begegnung mit einem anderen Menschen zu treten, wenn er und ich ein eigenes Haus, ein eigenes Inneres haben und wenn es in unserer Begegnung zu einem gegenseitigen Kontakt unserer inneren Bereiche kommt und wenn diese inneren Bereiche sich dabei in einer von beiden mitbestimmten Weise berühren. Liebe, sagt Rainer Maria Rilke (1927,42), besteht darin, „daß zwei Einsamkeiten einander schützen, grenzen und grüßen."

Die Familientherapeutin Marilyn Mason vergleicht die Fähigkeit, sich gegenüber einem anderen Menschen abgrenzen zu können, mit einem Reißverschluß. Patrick Carnes (1992,116) meint dazu: „Die meisten Menschen können den Reißverschluß von innen kontrollieren. Sie bestimmen, wie weit andere Menschen Zugang zu ihnen haben. Wenn jemand etwas von ihnen will, können sie nein sagen und Mißbilligung riskieren. Menschen, die sich nicht abgrenzen können, die ein poröses Ich haben, tragen ihren Reißverschluß nach außen, wo jeder ihn betätigen kann."

Menschen, die sich nicht abgrenzen können, deren Reißverschluß leicht von außen betätigt werden kann, sind in besonderer Weise anfällig für Übergriffe und Mißbrauch. Es sind z.B. Minderjährige, die noch zu keinem eigenen Ich gefunden haben und deren Vertrauen mißbraucht wird, oder es sind Menschen, deren Identitätsfindung und Fähigkeit zur Intimität aufgrund ungünstig verlaufener persönlicher Entwicklungen und negativer Erfahrungen beeinträchtigt worden sind. Es sind weiter Personen, deren innere Schutzvorrichtungen im Rahmen des seelsorglichen Gespräches, der geistlichen Begleitung oder Therapie gelockert worden sind, die sich geöffnet und einem anderen Menschen ausgesetzt haben. In all diesen Fällen bedarf es eines Gegenübers, das diesen Menschen behutsam und mit Respekt begegnet. Helfer müssen den Schutz, den jene noch nicht oder augenblicklich nicht für sich selbst übernehmen können, stellvertretend für sie übernehmen. Sie dürfen das Vertrauen, das ihnen entgegengebracht bzw. von ihnen erwartet wird, nicht mißbrauchen.

Diese Menschen verfügen noch nicht – als Kinder oder Jugendliche können sie es noch gar nicht – über jene Konturen und jene Struktur, von der her sie in der Lage wären, ihr Persönliches, ihre Privatssphäre zu schützen. In der Beratung und Therapie sind ihre diesbezüglich möglichen Fähigkeiten mitunter eingeschränkt. Es ist offensichtlich, daß in einer solchen Situation der Helfer ein leichtes

Spiel hat, der in den inneren Bereich der ratsuchenden Person eindringen will und ihre Nähe, gar den sexuellen Kontakt, sucht.
Jene Menschen, die aus den verschiedensten Gründen nicht in der Lage sind, ihren Intimbereich zu schützen, können einer Person, die ungefragt oder gar ungewollt ihren Intimbereich betritt, letztlich auch keine Intimität schenken, da sie nicht hinter der Intimität stehen, die ein anderer erzeugen oder sich erschleichen will. Sie werden gebraucht, mißbraucht. Es wird etwas mit ihnen gemacht. Sie sind ein „williges" Gefäß in den Händen der anderen Person. Sie sind ihr ausgeliefert. Sie sind in dieser Situation kein eigenständiges, erwachsenes Gegenüber, das dem anderen aus freien Stücken etwas von sich gibt.

3. Wenn Schutzbedürftige ausgenutzt werden

Wie steht es um die Intimitätsfähigkeit der Personen, die die Tatsache, daß jemand sich nicht zu schützen vermag, ausnutzen? Sie können sich nicht selbst die angemessene Grenze setzen. Sie sind nicht in der Lage, ihr Verlangen der Situation entsprechend zu kontrollieren. Ihnen fehlen die Kräfte und Konturen, deren es bedarf, um das von sich abzuhalten, was zum Schaden gereichen kann. Zugleich geht ihnen die Fähigkeit ab, sich in einen anderen Menschen einfühlen zu können.
Ich muß mich in einen anderen Menschen einfühlen können, will ich spüren und fühlen, was mein Verhalten bei ihm bewirkt. Es bedarf der Fähigkeit, mich behutsam einem anderen Menschen zu nähern, immer bereit zu stoppen, wenn ich spüre, daß der andere nicht „mitgeht" oder ich dabei bin, zu weit zu gehen. Weiter sind Klarheit und Bestimmtheit notwendig, um Grenzen zu setzen, wenn Kräfte versuchen, die Oberhand zu gewinnen, die dubioser oder schädlicher Natur sind. Sie müssen gestoppt werden. Je unklarer die Konturen und Grenzen der anderen Person sind, desto mehr ist das Gegenüber gefordert, zu den eigenen Grenzen und

Konturen zu stehen und sie nicht zu verlassen. Sie geben den Schutz ab, will man vermeiden, sich in der Ungeschütztheit der anderen Person zu verlieren.

Dem Priester, der Minderjährige sexuell mißbraucht, fehlen der Respekt und das Einfühlungsvermögen gegenüber seinem Opfer. Er vermag sich nicht einzufühlen in den jungen Menschen, dem er durch sein Verhalten unsäglichen Schaden zufügt. Ihm geht die Gabe des Noch-einmal-Hinschauens ab – und das meint ja Respekt –, die es ihm ermöglicht, in Distanz zu seiner sexuellen Gier zu treten, den konkreten Menschen in den Blick zu nehmen und dabei zu beachten, was er diesem Menschen antut. Er verfügt nicht über Konturen, die ihn von einem solchen Verhalten abhalten würden, Konturen, die als Garanten für eine reife und verantwortungsbewußte Weise des In-Beziehung-Tretens zu einem anderen Menschen stehen könnten. So aber kann es gar nicht zu einer erwachsenen Ich-Du-Begegnung kommen, kann kein wirklich intimer Austausch stattfinden. Kennzeichen von Intimität sind u.a. Vertrautheit, Respekt, von innen kommende gegenseitige Anteilnahme. Das Opfer kann von seiner Entwicklung her noch gar nicht so weit sein. Der Täter könnte vom Lebensalter her so weit sein, ist es aber offensichtlich noch nicht. Ihm gehen die Sensibilität und die Bestimmtheit ab, die ihn befähigen würden, solche Beziehungen zu leben, die sich als lebensfördernd erweisen, und solche zu meiden, die schädlich sind.

- Wie sehen meine menschlichen Fähigkeiten aus? (vgl. Egan 1980)
  - Verstehe ich die anderen und lasse ich sie wissen, daß ich sie verstehe?
  - Respektiere ich andere? Wie gut vermag ich diesen Respekt zum Ausdruck zu bringen?

- Bin ich offen, das heißt bereit, wirklich über mich zu sprechen, wenn ich mit Menschen zusammen bin, die an einer engen Beziehung mit mir Interesse haben?
- Vermag ich andere zu konfrontieren, ohne sie zu bestrafen oder bei ihnen den Eindruck zu vermitteln, „ich hab' Recht und du liegst falsch"?
- Spreche ich jemals mit anderen über die Stärken und Schwächen unserer Beziehung?
- Versuche ich neue Menschen zu treffen? Ermutige ich die Menschen, die ich neu treffe, weiter mit mir in Kontakt zu bleiben?
- Vermag ich wirklich, anderen aufmerksam zuzuhören und auf das zu reagieren, was ich von ihrer Seite her höre?
- Kommen meine Freunde zu mir, wenn sie in Nöten sind? Wenn sie das tun, verlassen sie mich dann mit dem Gefühl, von mir verstanden, von mir Hilfe erfahren zu haben?
- Bin ich jemand, der auf andere zugeht, oder sitze ich eher und warte ab, daß andere zunächst mit mir Kontakt aufnehmen?

• Habe ich das Verlangen, anderen Menschen sehr nahe zu sein? (vgl. Egan 1980)
  - Was bedeutet Nähe oder Intimität für mich? Verstehe ich darunter tiefe Gespräche? Heißt das für mich, jemanden zu berühren?
  - Finde ich Gefallen daran, wenn andere ihre Geheimnisse und tiefsten Gefühle mit mir austauschen?
  - Vermag ich, meine Geheimnisse und meine tiefsten Gefühle anderen mitzuteilen?
  - Wem bin ich im Moment nahe?

- Ermutige ich manche Menschen, mir nahe zu kommen? Wie tue ich das?
- Bereitet mir Nähe Angst? Wenn das zutrifft, was macht mir Angst?
- Gibt es viele verschiedene Weisen, jemandem nahe zu sein? Wie sehen die aus? Welche Weisen bevorzuge ich?

- Wie gehe ich mit meinen Gefühlen um, wenn ich mit anderen zusammen bin? (vgl. Egan 1980)
  - Erleben mich andere als eine sehr gefühlsmäßige Person oder als jemanden, der kalt und kontrolliert ist?
  - Welche Gefühle kann ich anderen gegenüber leicht ausdrücken? Welche Gefühle suche ich eher zu verstecken?
  - Ist es für andere leicht zu wissen, was ich fühle?
  - Lasse ich meine Gefühle überhandnehmen, wenn ich mit anderen zusammen bin?
  - Versuche ich andere Menschen mit meinen Gefühlen zu kontrollieren, indem ich z.B. mürrisch bin? Manipuliere ich andere?
  - Glaube ich, daß es in Ordnung ist, emotional zu sein?
  - Wie reagiere ich, wenn andere emotional sind?
  - Welche Gefühle gefallen mir bei anderen? Vor welchen Gefühlen bei anderen habe ich Angst?
  - Was mache ich, wenn andere ihre Gefühle zurückhalten?

- Welche Vorstellungen habe ich über Beziehungen zu anderen? (vgl. Egan 1980)
  - Möchte ich in meinen Fähigkeiten, mich auf andere Menschen einlassen zu können und mit ihnen in eine Beziehung zu treten, wachsen?

- Bin ich bereit, an mir zu arbeiten und auch etwas zu riskieren, um in meiner Fähigkeit zu wachsen?
- Erlaube ich anderen, in der Beziehung zu mir sie selbst zu sein?
- Ist es für mich in der Beziehung zu anderen wichtig, darin auch ich selbst zu bleiben?
- In welcher Weise meine ich, zu vorsichtig zu sein in meinen Beziehungen zu anderen? Was sind meine Befürchtungen?
- Glaube ich, mit Menschen auszukommen, die Vorstellungen, Ansichten und Verhaltensweisen haben, die sich von meinen eigenen unterscheiden?
- Habe ich irgendwelche Vorurteile bezogen auf andere Menschen?
- Bin ich rigide, also unflexibel, oder im Gegensatz dazu grenzenlos in meiner Beziehung zu anderen?
- Tausche ich meine Wertvorstellungen mit anderen Menschen aus?
- Lege ich einen zu großen Wert auf meine zwischenmenschlichen Beziehungen wie z.B. meine Freundschaften, so daß dadurch z.B. meine Arbeit oder die Schule usw. in Mitleidenschaft gezogen werden?

• Wo befinde ich mich augenblicklich bezogen auf meine Intimitätsfähigkeit? Woran merke ich, daß ich intimitätsfähig bin? Wo stelle ich noch Defizite in diesem Bereich fest?

• Welche Erfahrungen habe ich bei meinem Prozeß der Intimitätsfähigkeit gemacht? Was habe ich in dieser Phase als besonders schwierig erlebt? Was hat mir in besonderer Weise geholfen? Habe ich mich entschieden, ehelos zu leben? Welche Rolle hat dieses Vorhaben in dieser Phase meines Lebens gespielt bzw. spielt sie?

- Welche genital-sexuelle Erfahrungen hatte ich bisher in meinem Leben, wenn ich überhaupt welche hatte? Inwieweit habe ich sie, wenn überhaupt, in mein Leben integriert? Spüre ich in mir das Verlangen nach sexuellen genitalen Erfahrungen? Wie gut kenne ich meine Phantasien, meine Wünsche, meine Träume in dieser Hinsicht? Kenne ich in dieser Hinsicht keine Wünsche? Was haben mich meine sexuellen Erfahrungen emotional, spirituell, körperlich gelehrt?

- Was habe ich über mich selbst durch mein sexuelles Explorieren oder aber auch das Nicht-Explorieren gelernt? Was habe ich über andere dadurch gelernt? Betrachte ich Sexualität als einen integrierten Teil meiner Persönlichkeit? Tun andere das? Freunde, Mitarbeiter, Gemeindemitglieder?

- Intimitätsfähigkeit schließt die Fähigkeit zu einer reifen Art von Zurückhaltung, also auch die Fähigkeit zur Distanz ein. Wie steht es mit meiner Fähigkeit, mich in einer angemessenen Weise von den Einflüssen distanzieren zu können, die mir oder einem anderen schaden bzw. die meine Identität oder Lebensentscheidung oder den Auftrag und meine Rolle unterlaufen? Habe ich den Eindruck, daß ich diese Fähigkeit zur Distanz besitze?

7. KAPITEL
INTEGRATION DER SEXUALITÄT

Bei der Integration der Sexualität handelt es sich um einen sehr vielschichtigen, dynamischen und über einen langen Zeitraum sich erstreckenden Prozeß. Eine wesentliche Voraussetzung für die Integration der Sexualität ist es, sie als einen wesentlichen, selbstverständlichen Teil von sich zu betrachten. Ich lasse die normale sexuelle Entwicklung bei mir zu, ich bin in Berührung mit meiner Sexualität, weiß um ihre Macht, um ihre Wonne und um ihre Konsequenzen. Dazu gehört auch, daß ich über sexuelle Vorgänge informiert bin, eine Vorstellung über die Geschlechtsorgane habe und an allgemeinem wichtigem Wissen über Sexualität interessiert bin.

Eine weitere Voraussetzung für die Integration der Sexualität ist es, daß ich um die Ausrichtung meiner Sexualität weiß, daß ich spüre, ob ich homosexuell, heterosexuell oder bisexuell bin. Weiter gehört dazu zu wissen, ob meine Sexualität Züge hat, die auffällig sind, die das Normale sprengen, ob ich beispielsweise pädophil veranlagt bin oder zum Exhibitionismus neige usw.

Schließlich ist es wichtig, um die Vieldimensionalität, die Buntheit der Sexualität zu wissen. Sie dient der Fortpflanzung, hat eine Entspannungsfunktion, bringt Menschen zusammen, ist der Träger von Eros. Sie hat eine emotionale Komponente, die sich unter anderem in dem Verlangen nach Intimität, Nähe, Annahme und Bestärkung Ausdruck verschafft. Für die Integration der Sexualität ist auch entscheidend, daß jeder um sein eigenes Bedürfnis nach Nähe oder auch nach Sexualität weiß, er und sie sich nichts vormachen und dann auch dazu stehen.

Zur Integration der Sexualität gehört es, sich dem normalen Prozeß, der zur Identitätsfindung und Intimitätsfähigkeit führt, zu stellen. Die Fähigkeit zur Intimität schließt dabei die Fähigkeit zur Distanz ein, also die Fähigkeit, sich klar abgrenzen zu können.

Schließlich ist es ein Kennzeichen der Integration der Sexualität, fähig zu sein, sich einfühlen zu können, mit meinen sexuellen Gefühlen und meinen potentiellen Partnern respektvoll umgehen zu können. Das aber heißt, meine Sexualität einzubetten in mein Personsein, mein Menschsein, den Fluß meines Lebens.

Bei einem solchen Verständnis von Integration der Sexualität wird deutlich, daß die *Verdrängung* der Sexualität ihre Integration verhindert. Unter Verdrängung der Sexualität versteht man in der Regel einen unbewußten Vorgang, bei dem alles, was mit Sexualität zu tun hat, tabuisiert und nicht angeschaut, abgedrängt wird.

Auch die *Unterdrückung* der Sexualität kann ihre Integration beeinträchtigen. Im Unterschied zur Verdrängung der Sexualität versteht man unter ihrer Unterdrückung einen bewußten Vorgang. Wenn hinter der bewußten Unterdrückung der Sexualität eine negative Einstellung gegenüber der Sexualität steht, kann sich das schädlich für meine Gesamtentwicklung auswirken. Unterdrükkung der Sexualität kann auf der anderen Seite auch Ausdruck von Reife und dann förderlich für meine Gesamtentwicklung sein, wenn es darum geht, aus einsichtigen und spirituellen und psychologisch gesunden Gründen die Sexualität, ausgerichtet an Zielen, die einem wichtig sind, zu gestalten. So kann das *Nein* zu einer sexuellen Beziehung ein auf dem eigenen Boden gewachsenes und von der jeweiligen Person abgesegnetes *Ja* sein zu der Entscheidung, ehelos zu leben, meinem Partner treu zu sein oder meiner Integrität als Helfer gerecht zu werden.

Als eine gesunde Form der Integration der Sexualität ist immer auch schon die *Sublimation* der Sexualität gesehen worden. Unter Sublimation versteht man einen Prozeß, bei dem es darum geht, die Kräfte, die Energien, die sich in der gelebten Sexualität zum Ausdruck bringen möchten, in andere Ausdrucksweisen umzuleiten, zum Beispiel in ein zusätzliches wissenschaftliches Engagement, in ein besonders intensives Engagement für andere Menschen oder in eine besonders einzigartige intensive und tiefe Beziehung zu Gott.

Bei allen diesen Begriffen ist es im Zusammenhang mit der Integration der Sexualität aber wichtig, sie immer als den Teil eines über eine lange Zeit sich erstreckenden Prozesses zu sehen, der eingebunden ist in ein Explorieren, in ein Sich-auf-andere-Einlassen, in einen ständig sich vollziehenden Wachstumsprozeß.

SCHLUSSGEDANKEN
DIE HEILIGKEIT DER SEELE SCHÜTZEN

Für die Menschen, die sich einem Therapeuten oder geistlichen Begleiter gegenüber öffnen, ist es wichtig, sich darauf verlassen zu können, hier gut aufgehoben und sicher zu sein. Erst wenn sie sich sicher fühlen, werden sie das Wagnis eingehen, wirklich von sich zu sprechen, ihr Innerstes zum Ausdruck zu bringen.

Nur, wenn Menschen bereit sind, wirklich über sich zu sprechen, *ihre* Gedanken, Gefühle, Erfahrungen, Wünsche und Sehnsüchte zu benennen, kann ein Prozeß ausgelöst werden, der sie so öffnet, daß sie innerlich wachsen. Es ist ein Sich-Eröffnen gegenüber einem Menschen, der dafür ausgewählt worden ist, der ihr Vertrauen besitzt. Es ist ein Sich-Eröffnen hinein in einen Raum, der geschützt und sicher ist, und für den eine Sphäre von Intimität kennzeichnend ist. Was z.B. die ratsuchende Person in sich verbirgt, in der Regel mit Recht behutsam bei sich zurückhält, läßt sie jetzt ganz vorsichtig aus sich heraus und stellt es in den geschützten Raum der Intimität, der sich zwischen ihr und dem Helfer oder der Helferin aufgetan hat. Die Garantie eines sicheren Schutzraumes ist Voraussetzung dafür, daß sich jemand öffnen kann.

Eine Rolle spielt auch die Haltung des Begleiters oder der Begleiterin gegenüber der ratsuchenden Person. Durch die Art und Weise seines Daseins trägt er mit dazu bei, daß sie von sich sprechen kann. Sein Dasein für sie, sein Interesse an ihr, sein Mit-Gehen, sein Mit-Fühlen helfen ihr, immer mehr von sich zu zeigen. Die bedingungslose Annahme, mit der ein Begleiter einem ratsuchenden Menschen begegnet, erleichtert es ihm, alles, was ihn bedrückt, was er empfindet, wonach er sich sehnt, aussprechen zu können. Der Begleiter schwingt ein in seinen Rhythmus und hilft ihm dabei, seinem Innersten eine Stimme zu geben.

Das Verhalten eines Beraters oder einer Beraterin gegenüber einem

Hilfe suchenden Menschen ist geprägt von Feinfühligkeit und Behutsamkeit. Es ist ein respektvolles, ja liebevolles Anschauen und Dasein. Ein neugieriges Fragen an dem, was sie oder er vorträgt, ja allein schon ein distanziertes Beobachten und Analysieren hätten zur Folge, daß das nach außen Zugelassene sich wieder zurückzieht oder aber, daß sie oder er sich wie mißbraucht vorkäme. Die für eine Heilung notwendige Atmosphäre wäre dadurch zerstört, die helfende Beziehung aufgehoben.

Für den Helfer ist es daher wichtig, nicht zum Opfer der Befriedigung seiner – mitunter verborgenen – Neigungen, Wünsche und Sehnsüchte zu werden. Sein Dasein für die ratsuchende Person unterscheidet sich grundsätzlich von einer Haltung, der es darum geht, die andere Person für sich zu benutzen. Ein Begleiter muß sich deshalb selbst gut kennen und gegebenenfalls seine Neigungen und Bedürfnisse zügeln, da er sonst Gefahr läuft, den heilenden Prozeß zu blockieren.

Damit sich der Ratsuchende in der Therapie oder geistlichen Begleitung öffnen kann, sind also ein sicherer Schutzraum und eine mitgehende und von Respekt getragene Haltung des Begleiters notwendig. Wird der Schutzraum durchlässig oder schlägt die fürsorgliche Einstellung des Begleiters in etwas anderes, eine nicht länger an der ratsuchenden Person orientierte Haltung um, leidet die Beziehung darunter. Ihr wird dann der tragende Boden entzogen, eine helfende und heilende Begegnung können nicht mehr stattfinden.

Wie groß der Schaden ist, wenn dieser geschützte Raum der Intimität durch sexuelle Übergriffe des Helfers verletzt wird, ist offensichtlich. Ein heiliger Ort wird entheiligt. Was aber noch schlimmer ist: Wer diesen Raum der Intimität als Helfer entweiht, entweiht den innersten Raum der Person, ihre Seele.

LITERATUR

Carnes, Patrick: Wenn Sex zur Sucht wird, München 1992

Claire, Sr.; Journey out of Chaos, Whitinsville 1981

Dowrick, Stephanie: Intimacy and Solitude, New York 1995

Egan, Gerard: Moving into Adulthood, Monterey 1980

Fortune, Marie M.: Is Nothing Sacred? San Francisco 1992

Fortune, Marie M.: Fehltritte von Seelsorgern. Sexueller Mißbrauch in der seelsorglichen Beziehung, in: Concilium, 30. Jg., Nr. 2, 1994

Freud, Sigmund (1907): Der Wahn und die Träume in W. Jensens ‚Gradiva', Ges. Werke, Bd. VII

Freud, Sigmund: Werkausgabe in zwei Bänden, Bd. 1, Frankfurt 1978

Freud, Sigmund/Jung, C.G.: Briefwechsel, Frankfurt 1974

Gabbard, Glen O.: Psychotherapists who Transgress Sexual Boundaries with Patients, in: John C. Gonsiorek, Breach of Trust, Thousand Oaks 1995

Gilmartin, Richard: Pursuing Wellness, Finding Spirituality, Mystic 1996

Gonsiorek, John C. (Hg.): Breach of Trust. Sexual Exploitation by Health Care Professionals and Clergy, Thousand Oaks 1995

Höfer, Renate: Die Hiobsbotschaft C.G. Jungs. Folgen sexuellen Mißbrauchs, Lüneburg 1993

Irwen, Alexander C.: Eros toward the World. Paul Tillich and the Theology of the Erotic, Minneapolis 1991

Irons, Richard/Roberts, Katherine: The Unhealed Wounders, in: Myer Hopkins, Nancy/Laaser, Mark (Hg.): Restoring the Soul of a Church. Healing Congregations Wounded by Clergy Sexual Misconduct, Collegeville 1995

Leech, Kenneth: Soul Friend. The Practice of Christian Spirituality, San Francisco 1977

Loftus, John Allan: Understanding Sexual Misconduct by Clergy. A Handbook for Ministers, Washington 1994
Markham, Donna: Ongoing Ministerial Development, in: Covenant, Vol. 11, Nr. 1, Southdown 1996
Nouwen, Henri: The Self-availability of the Homosexual, in: W.D. Overholzer, Is Gay Good?, Philadelphia 1971
Peck, Scott: The Road Less Traveled, New York 1978
Pope, Kenneth S./Bouhoutsos, Jacqueline C.: Sexual Intimacy between Therapists and Patients, New York 1986
Rauchfleisch, Udo: Psychoanalyse und theologische Ethik, Freiburg 1986
Rauchfleisch, Udo: Beziehungen in Seelsorge und Diakonie, Mainz 1990
Rilke, Rainer Maria: Briefe an einen jungen Dichter, Leipzig 1927
Schmidbauer, Wolfgang: Wenn Helfer Fehler machen, Hamburg 1997
Schneider, Sandra M.: New Wineskins. Re-imagining Religious Life Today, New York 1986
Stenger, Hermann: Eignung für die Berufe der Kirche. Klärung, Beratung, Begleitung, Freiburg 1988
Trüb, Hans: Heilung aus der Begegnung. Mit einem Vorwort von Martin Buber, Stuttgart 1951
Ward, Tony et al.: Attachment Style and Intimacy Deficits in Sexual Offenders: A Theoretical Framework, in: Sexual Abuse: A Journal of Research and Treatment, Vol. 7, Nr. 4, 1995
Weiss, Aurum Genrin: Privacy and Intimacy. Apart and a Part, in: Journal of Humanistic Psychology, Vol. 27, Nr. 1, 1987
Wyss, Dieter: Lieben als Lernprozeß, Göttingen 1975